AF600006

LOS OJOS DE LA JERARQUÍA

Cómo los Maestros nos Observan y nos Ayudan

TORKOM
SARAYDARIAN

TSG PUBLISHING FOUNDATION, INC.

Editorial Dagón

Los Ojos de la Jerarquía
Cómo los Maestros nos Observan y nos Ayudan
por Torkom Saraydarian

Publicado originalmente en idioma inglés
por TSG Publishing Foundation
(www.tsgfoundation.org)
Primera edición en idioma inglés: 1988
Traducción al español por TSG Spanish Translation Team
1ª Edición en español: 2025

Impreso en España por: Editorial Dagón
Web: *www.editorialdagon.es*
E-mail: *editor@editorialdagon.es*

Editor/coordinador para esta edición:
editor@editorialdagon.es

ISBN:978-84-19540-56-0
Depósito Legal: V-299-2025

Impreso en España

The Eyes of Hierarchy: How the Masters Watch and Help us
by Torkom Saraydarian

First published in English
by TSG Publishing Foundation
(www.tsgfoundation.org)
First Edition in English: 1980

Translation by TSG Spanish Translation Team
1ª Edition in Spanish: 2025

Printed in Spain by: Editorial Dagón
Web: *www.editorialdagon.es*
E-mail: *editor@editorialdagon.es*

Publisher/coordinator for this edition:
editor@editorialdagon.es

ISBN: 978-1-937024-01-7
Library of Congress Catalog Card Number: 97-069851
Printed in Spain

Esta edición en español ha sido completada gracias al generoso apoyo del Grupo TSG en Idioma Español y al Grupo de Estudios Teosóficos de Valencia (España). Expresamos nuestra profunda gratitud hacia todos aquellos que colaboraron con este proyecto.

SOBRE EL AUTOR

Torkom Saraydarian (1917-1997) nació en Asia Menor. Desde la niñez, fue entrenado en las Enseñanzas de la Sabiduría Eterna.

Visitó monasterios, templos antiguos y escuelas de misterios con el fin de encontrar las respuestas a sus preguntas sobre el misterio del hombre y el Universo.

Vivió con Sufis, derviches, místicos Cristianos y maestros de música y danzas del templo. Su educación musical incluyó el violín, piano, laúd, cello y guitarra. Le tomó largos años de disciplina y sacrificio poder absorber la Sabiduría Eterna de sus fuentes verdaderas. La meditación se convirtió en parte de su vida diaria, y el servicio, una expresión natural de su alma.

Torkom Saraydarian dedicó su vida entera al servicio de sus congéneres humanos. Sus escritos, conferencias, y música, muestran su total devoción a los principios, valores y leyes superiores que están presentes en todas las religiones y filosofías mundiales. Estos trabajos representan una síntesis de lo mejor y más bello en la cultura sagrada del mundo. Sus trabajos enriquecen el pensamiento fundacional sobre el cual el hombre puede construir su Futuro.

Torkom Saraydarian escribió un gran número de libros, muchos de los cuales han sido publicados. Todos sus libros continuarán siendo publicados y distribuidos. Algunos han sido traducidos al armenio, alemán, italiano, español, portugués, griego, holandés y danés.

Dejó un rico legado de escritos y composiciones musicales para el disfrute y beneficio de toda la humanidad por muchos años por venir.

CONTENIDO

Al fusionarnos con las olas del Infinito, a nosotros se nos podría comparar con flores arrancadas por una tormenta. ¿Cómo nos veremos a nosotros transfigurados en el océano del Infinito?

Sería imprudente enviar un bote sin timón. Mas el piloto ha sido predestinado y la creación del corazón no se precipitará hacia el abismo. Como hitos en un camino luminoso, los Hermanos de la Humanidad, siempre alertas, se mantienen en guardia, listos a conducir al viajero en la cadena del ascenso.

La Jerarquía no es coerción, es la ley del Universo. No es una amenaza, sino el llamado del corazón y una admonición ardiente dirigida al Bien Común.

Conozcamos así a la Jerarquía de la Luz.

Jerarquía, prefacio
Sociedad de Agni Yoga

PREFACIO

Para mí, los Maestros no son seres sobrenaturales, sino seres como otros hombres de la calle que trabajaron muy duro y, con el tiempo, vida tras vida, se convirtieron en personas influyentes en su campo. Se convirtieron en líderes de naciones. Se convirtieron en mentes enciclopédicas, genios y más. Esta es la vida humana. Avanzas y te conviertes en una torre en lugar de una ruina.

En todos los sectores del trabajo tenemos hombres destacados, líderes y genios que aman a la Humanidad y trabajan por ella. Son Maestros o candidatos a la maestría. Su método es trabajar, hacer esfuerzos, aspirar, mejorar constantemente, avanzar, dejar atrás su antiguo yo y luchar por nuevos horizontes. Tenemos gente así. Esas personas son Maestros. Son la encarnación de la belleza.

El hombre común, por celos, por la influencia de los medios de comunicación, por sospechas, no reconoce a esas personas. Es un pecado para él ver más allá de su brazo. Pero existen en todas partes, en todas las naciones. A menudo, los personajes mencionados en los periódicos son fracasos. El «superhombre» no está en algún lugar, sino que existe junto a nosotros en los restaurantes, en los trenes, en todas partes.

Los maestros no son producto de la imaginación. No es un error mirar a una hermosa niña o a un hermoso niño y decir: «Dios mío, veo en él o ella un futuro Maestro, una flor en pleno florecimiento».

Esto no es un error, porque esa chica o ese chico avanzará a pesar de los acontecimientos y, vida tras vida, alcanzará la perfección: la maestría. Ésta es la Ley de la Naturaleza. Todo debe alcanzar la perfección. Ésta es la alegría de la vida.

Se han escrito muchos libros sobre los Maestros. La información contenida en este libro está extraída de los libros de la Sociedad Agni Yoga, de los libros de Alice A. Bailey, de las obras de H.P. Blavatsky y de los libros del Maestro Hilarión.

Si deseas información más detallada sobre el Maestro lee:

- *La externalización de la jerarquía,* de Alice A. Bailey.
- *Jerarquía* y *Supramundano,* publicado por la Sociedad Agni Yoga.
- *La Doctrina Secreta* e *Isis sin Velo*, de H.P. Blavatsky.
- *Las enseñanzas del Templo* por el Maestro Hilarión.

Estos libros te darán información detallada sobre los Maestros, que son los Instructores y Protectores de la Humanidad. Ellos representan para nosotros visiones en el camino de la Luz.

Al estudiar esta literatura tendrás información de primera mano sobre los Maestros, y entonces estarás en posición de rechazar la información que no corresponda a tu razón, lógica e intuición.

Torkom Saraydarian

I

LA JERARQUÍA

La Jerarquía[1] está compuesta por aquellos seres humanos que lograron dominar su naturaleza física, emocional y mental y expandir su conciencia. Los miembros de la Jerarquía se encuentran en varios niveles y tienen diversas tareas y responsabilidades.

La estrella guía que conduce a una persona hacia la Jerarquía es la respuesta que siente en su corazón a la Voluntad de Dios, al Propósito de Dios. Es cierto que uno no puede definir y explicar la Voluntad Divina hasta que es un Maestro, pero esa Voluntad, como un imán, toca los corazones dispuestos y los atrae hacia el sendero de la perfección.

A medida que una persona responde más clara y sinceramente a la Voluntad de Dios, impone cambios en su vida y provoca una transformación en su naturaleza. Con el tiempo, su contacto con la Voluntad Divina aumenta hasta tal punto que entra en un proceso de transfiguración total.

A veces la Voluntad Divina es el Llamado que una persona escucha o siente. Este Llamado lleva gradualmente a la persona, paso a paso, al portal de la Jerarquía.

1. Publicado por primera vez en *Desafío para el Discipulado,* cap. 57.

Se nos dice que los miembros de la Jerarquía tienen una tarea suprema: penetrar más profundamente en la Voluntad y el Propósito de Dios y formular un Plan para que la Humanidad lo siga. Todas las religiones e instrucciones dadas por todos los salvadores y todos los líderes espirituales del mundo no son otra cosa que esfuerzos por traducir la Voluntad Divina en un Plan, que pueda ser utilizado para conducir a las naciones y a la Humanidad a una esfera superior de conciencia en la que comprendan más claramente la Voluntad de Dios y vivan en consecuencia.

El Plan de la Jerarquía está formulado de tal manera que:

- Trae salud y felicidad a la Humanidad.
- Inspira a la Humanidad hacia la perfección.
- Inspira a la Humanidad a escribir y crear.
- Sintetiza todas las naciones.
- Permite a los individuos, a los grupos y, eventualmente, a toda la Humanidad vivir en una dimensión superior, en contacto consciente con los Mundos Superiores.

Éstos son los cinco pilares del Plan. Si la Humanidad lo comprende y vive en consecuencia, no será necesario que haya ningún tipo de guerra, contaminación, crimen y terrorismo, dolor y sufrimiento, enfermedad o muerte.

La Jerarquía es el cuerpo de un Alma, y cada miembro de la Jerarquía tiene su raíz en Su esencia, en esa Alma. Todo Maestro que proviene de la Jerarquía proviene de la misma Alma. Los Maestros se diferencian en Sus formas y Sus mensajes para satisfacer las necesidades de la época, pero la esencia de Su Enseñanza es la misma: es Luz pura, para conducir a la Humanidad al Hogar del Padre, a Shamballa.

En esencia, a través de todos los Mensajeros, es el Padre quien habla. Quienes tienen oídos sólo escuchan la voz del Padre y filtran las invenciones de los siglos.

Sólo a través del amor a la Jerarquía podemos construir un puente de comunicación con los Grandes Seres. El fuego en el corazón de la Jerarquía es un punto de contacto directo con el corazón del Universo. Este fuego es el horno a través del cual el hombre entra en su propia herencia Divina.

¿Cómo podemos aumentar nuestro amor por la Jerarquía y así construir el puente de comunicación? Aumentamos nuestro amor:

- Desarrollando un amor por la Belleza, la Bondad, la Rectitud, la Alegría y la Libertad.
- Contemplando la Vida Una en todas las formas vivientes y ejercitando respeto, gratitud y amor por la Vida Una en cada forma viviente.
- Comprendiendo el trabajo de la Jerarquía.
- Viendo en cada miembro de la Jerarquía la visión de nuestro desarrollo futuro.
- Dándonos cuenta de la ayuda brindada por Ellos a lo largo de millones de años en cada departamento del esfuerzo humano.
- Comprendiendo que la Jerarquía es el vínculo entre la Humanidad y sus futuros logros en el camino Cósmico.
- Comprendiendo el alcance del sacrificio de cada miembro de la Jerarquía.
- Comprendiendo que la Jerarquía representa a toda la Humanidad y a cada miembro de la Humanidad, sin discriminación.
- Comprendiendo hasta qué punto la Jerarquía

protege a la Humanidad de los ataques de las fuerzas caóticas y de su propia locura, para permitirle desarrollar sus potenciales Divinos.

- Dándonos cuenta de cómo la Jerarquía da la bienvenida a cualquiera que tenga un corazón amoroso.

El amor no es un sentimiento ni una emoción, sino el espíritu de servicio activo y sacrificial para unir a la Humanidad, sanar, liberar, transformar y crear. El amor hacia los miembros de la Jerarquía se expresa como un servicio dedicado al Plan de la Jerarquía.

Sólo desarrollando el amor hacia la Jerarquía podemos crear el puente de comunicación con Ella. Es a través de ese puente que la belleza, la alegría y la libertad nos alcanzarán y la sabiduría de la Jerarquía nos guiará.

Diariamente debemos tomarnos un tiempo para elevar nuestros corazones hacia la Jerarquía y aumentar nuestro amor hacia los Grandes Seres. Cualquier acción que se realice en contra del amor en cualquier nivel con cualquier forma viviente debilita el puente y obstaculiza la comunicación.

A veces pensamos que podemos amar a la Jerarquía sin expresar un amor verdadero hacia nuestros familiares, amigos y otros seres humanos. Cristo llama a esto hipocresía. Nadie puede amar a la Jerarquía sin amar todo lo que existe. Las peleas familiares, el odio y los celos crean grandes divisiones entre tú y la Jerarquía. La primera división ocurre entre tú y tu Guardián, luego entre tú y la Jerarquía, y luego las divisiones se extienden a lo largo de tu cadena de relaciones.

En las enseñanzas avanzadas se nos dice que cualquier división en nuestra vida crea desgarros en nuestra aura y en la red de comunicación entre nosotros y el Universo.

El amor es la sustancia a través de la cual se construyen todos los puentes entre las vidas individualizadas y su Fuente. Por eso se nos dice que el amor unifica.

La razón y la lógica no pueden unificar a las personas. Cualquier problema entre las personas debe ser abordado primero con amor. Es a la luz del amor que la razón y la lógica pueden funcionar en la forma adecuada. Muchos problemas siguen sin resolverse no por falta de conocimiento, razón y lógica, sino por falta de amor.

Existen miles de ejemplos en nuestras vidas en los que un momento de amor resuelve nuestros problemas cuando cien noches llenas de preocupación y ansiedad no pudieron ayudarnos. Así, el amor construye puentes y expande nuestra conciencia y nuestro ser. En realidad, expande nuestra existencia en varias dimensiones.

La comunicación con los Mundos Superiores se establecerá únicamente a través del amor. Sólo se puede llegar a la Jerarquía a través de un amor ardiente por la belleza que la Jerarquía expresa.

El amor es el flujo de la esencia entre dos centros que están relacionados magnéticamente entre sí. El amor comienza con un punto y se convierte en una línea. Esta línea rota y da vueltas alrededor del punto y crea una esfera. El amor se expande como una esfera y finalmente convierte al corazón humano en el Corazón del Cosmos.

La gente espera que la Jerarquía imponga su voluntad a la Humanidad. Esa imposición creará muchos fracasos en muchos niveles. La imposición no es necesaria cuando se establece el puente del amor. A través de este puente, uno ve la imagen de los logros futuros. Uno ve los obstáculos en su vida y siente el impulso de seguir el Plan de la Jerarquía. A medida que aumenta el amor, aumenta la voluntad de servir y ser parte del Plan.

La comunicación con la Jerarquía nos hace gradualmente callar sobre nuestras reivindicaciones personales. Un contacto más profundo con la Jerarquía hace de la persona una mayor fuente de amor, paciencia, solemnidad y nobleza. En un contacto más profundo con la Jerarquía, el ego y el interés personal se disuelven. Antes de que estos signos aparezcan en la vida diaria de una persona, no se le puede permitir entrar en contacto directo y consciente con los miembros de la Jerarquía.

Se nos dice que la Jerarquía está siempre dispuesta a aconsejar y a tender Sus manos a la Humanidad. Se nos dice que Su contacto con los seres humanos se produce en cinco etapas:

- Inconscientemente sentimos Su dirección.
- Tenemos un contacto consciente con Ellos.
- Participamos conscientemente en el trabajo y nos comunicamos con Ellos.
- Trabajamos directamente con ellos.
- Nos comunicamos con Ellos actuando como miembros de la Jerarquía. Esta quinta etapa es la participación en la alegría, la dicha y la visión que Ellos reciben de Fuentes aún más Superiores.

Todas estas etapas se construyen mediante la intensificación del amor.

El amor por la Jerarquía conduce a la persona al corazón de la Jerarquía y la convierte en un puesto avanzado de la luz de la Jerarquía y en un ejecutor de la Ley de la Jerarquía.

La Ley de la Jerarquía se refiere a la forma en que opera la Jerarquía. Sus miembros varían según su nivel de ser, su labor realizada y el grado de su relación con los Centros Superiores.

El Jerarca es el supervisor y el representante del Plan específico que se ha de elaborar en la Jerarquía. Todos los miembros de la Jerarquía reciben Su inspiración y Su coraje del Jerarca.

El eslabón superior a ti en la cadena de la Jerarquía es tu líder. El eslabón superior es tu visión. El eslabón inferior es tu responsabilidad y el objeto de tu amor indiviso.

El comportamiento jerárquico tiene sus propias ceremonias en las que el Jerarca encabeza todos los movimientos. Él no sólo es la base sino también la punta de lanza de todos los esfuerzos. Es a través de Él que se reciben y distribuyen las energías de las Fuentes Superiores en la Jerarquía. También es Él quien enfrenta los ataques de las fuerzas oscuras y sus presiones.

Cada miembro de la Jerarquía tiene tres tareas principales:

- Inspirar o entrenar a ciertos miembros de la Humanidad para que se esfuercen por alcanzar la esfera de la Jerarquía.
- Servir en la Jerarquía en el departamento donde le corresponde para esforzarse por alcanzar niveles superiores,
- O prepararse para el camino de una evolución superior.

Así, cada miembro intenta no sólo servir sino también aprender de su Maestro-Instructor las lecciones para logros superiores.

El principio de la Jerarquía, que está inspirado en el Propósito Divino, es el trabajo y el sacrificio incesantes. La Voluntad de Shamballa es el principio rector de la Jerarquía. Este principio se expresa como el espíritu ardiente de la Jerarquía.

En la Jerarquía, la Ley de Unidad es una forma de vida y de trabajo actualizada. Todo se hace para la armonía de todos.

Se nos dice que la externalización de la Jerarquía tiene tres fases:

- Preparación de individuos y naciones para recibir el espíritu de Cristo y manifestarlo mediante relaciones humanas correctas y buena voluntad.
- La aparición de un número cada vez mayor de discípulos y discípulas que demuestran en sus vidas y enseñanzas un intelecto avanzado, una intuición pura, una voluntad irresistible y Divina, y una vida de dedicación y belleza.
- La aparición de ciertos miembros de la Jerarquía para preparar el camino para la reaparición de Cristo.

Los discípulos en el mundo en este tiempo tienen tres labores principales:

- Demostrar la belleza de la vida espiritual.
- Educar al público sobre las leyes y principios de la vida espiritual, en todos los campos del esfuerzo humano.
- Preparar los corazones y las mentes de las personas para la reaparición de Cristo, quien prometió, con sus propias palabras, regresar al mundo de los hombres.

Como en todos los asuntos de la vida, el tema de la reaparición de Cristo se convirtió en un tema de explotación, engaño y pretensiones, y aquí y allá los siervos de las tinieblas proclamaron: «Él está aquí; Él está allí». O se presentaron como agentes o mensajeros de Cristo. Algunos incluso se atrevieron a proclamarse a sí mismos como el Cristo. Para todos estos siervos de las tinieblas, Cristo habló hace 2.000 años y dijo:

> *Entonces, si alguien os dice: «Mirad, aquí está el Mesías» o «Allí está», no lo creáis. Vendrán impostores que se harán pasar por Mesías o profetas, y harán grandes señales y prodigios para engañar, si es que tal cosa es posible, aun a los escogidos de Dios. Mirad, os lo he advertido. Si os dicen: «Está allí, en el desierto», no salgáis; y si os dicen: «Está allí, en el aposento alto», no lo creáis. Así será la venida del Hijo del Hombre, como un relámpago que sale del oriente y resplandece hasta el occidente...*
>
> *Pero del día y la hora nadie sabe, ni siquiera los ángeles del cielo, ni siquiera el Hijo, sino sólo el Padre.*[2]

La Jerarquía es el cuerpo augusto de los discípulos de Cristo, que se yerguen como un muro guardián entre la Humanidad y los poderes satánicos del caos. Es a través de Su protección y luz que los individuos encuentran su camino hacia el Reino de los Cielos, mediante un servicio dedicado y sacrificado por la Humanidad.

La exteriorización de la Jerarquía es principalmente la exteriorización de las virtudes, las cualidades espirituales y el poder de la Gloria Interna. La exteriorización de la Jerarquía es la exteriorización, actualización y adaptación generalizada de todas aquellas leyes y principios que Cristo enseñó.

En realidad, las leyes y los principios que Él enfatizó están penetrando lentamente en el alma de la Humanidad y están actuando a través de políticos, educadores, filósofos, artistas, científicos, religiosos y financieros del mundo. Han nacido y siguen naciendo grandes discípu-

2. *Mateo* 24:23-27, 36.

los en todos estos campos, para continuar y expresar esos principios que finalmente conducirán a la Humanidad a la unidad, la paz, la prosperidad, la salud y la felicidad.

La gente piensa que la exteriorización de la Jerarquía significa la expansión de las religiones y la aparición de figuras religiosas. En realidad, la exteriorización de la Jerarquía es un proceso que se está produciendo en todos los campos del quehacer humano.

La gente piensa que Cristo es el fundador de una religión. Este es un concepto muy limitado. Él fue un gran médico, científico, gigante político, artista, orador, héroe: un hombre de los más altos logros espirituales. Todos los campos del progreso humano están cerca de Su corazón, y en todos los campos Él tiene Sus discípulos que llevan adelante la gran tarea de hacer avanzar la ciencia, la educación, la religión, la economía, las artes, la filosofía, etc.

Así pues, Cristo no es el jefe de una religión. Ni siquiera es el jefe de todas las religiones, sino el Director Ejecutivo de los talleres planetarios, y en cada uno de esos talleres tiene sus representantes.

¿Cómo son diferenciados Sus representantes? La respuesta es fácil. No son aquellos que dicen: «Señor, Señor», ni aquellos que usan Su nombre mil veces a diario para encubrir su miseria. Sus representantes son aquellos que en todos los ámbitos expresan la máxima honestidad, la más alta dedicación, abnegación y heroísmo. Son aquellos que buscan un mayor conocimiento, que buscan las relaciones humanas correctas, la buena voluntad, la paz, la unidad, la armonía y la justicia entre todas las naciones.

Son aquellos que tienen visión, que piensan en los hijos del futuro y en la salud del planeta, en mundos distantes. Sus oraciones son trabajo dedicado y honestidad. Pueden saber de Él, o pueden no recordarlo siquiera. A Él no le importa, siempre y cuando estén haciendo la Voluntad del Padre, a través de cada paso de su trabajo. La expansión de la conciencia, la educación y la creatividad son sus ceremonias diarias. Sus representantes son aquellos que rinden culto a la exactitud y la disciplina. No crean fantasías, sino que caminan por el camino de los hechos y la realidad.

Hay doce signos fundamentales por los cuales puedes reconocer a los servidores de la Jerarquía.

• ***El primer signo es la nobleza.*** Un servidor de la Jerarquía es noble en sus pensamientos, palabras y acciones. Es noble en todas sus relaciones. La nobleza se logra cuando uno vive de acuerdo con las reglas y principios de la Jerarquía, cuando vive en presencia del «Ojo que vigila».

Una persona noble es solemne, serena, con dominio propio, precisa, sabia y muy culta. Cuando conoces a una persona noble, sabes que está aquí en la tierra para traer Belleza, Bondad, Rectitud, Alegría y Libertad.

• ***El segundo signo es el esfuerzo por alcanzar la perfección.*** Demuestra un trabajo constante para perfeccionar su personalidad, su creatividad, sus relaciones, su conocimiento. Intenta continuamente avanzar en su estado de conciencia. Ningún sirviente de la Jerarquía es perezoso. Todos son ritmo. Son como corrientes; son rítmicamente activos.

• ***La tercera señal es el progresismo en su perspectiva.*** Piensa en el futuro; planifica para el futuro sin ignorar las condiciones pasadas y presentes. Es la visión del futuro lo que lo inspira a planificar, decidir y organizar. No se queda estancado en perspectivas pasadas. No ignora valores pasados, sino que siempre busca nuevas formas y medios para traer más luz y amor y mejores relaciones en todos los departamentos del quehacer humano.

Vive con un pensamiento de nueva era. No repite los hábitos, comportamientos y actitudes de antaño. Siempre intenta crear algo nuevo que se ajuste mejor a su visión del futuro.

Se le puede encontrar en cualquier ámbito y en ese ámbito se erige como la llamada del futuro. Ejerce una presión moral en su entorno. No obliga a las personas, pero su presencia las hace trabajar y tratar de avanzar hacia el futuro.

• ***La cuarta señal es la inclusividad.*** No es separatista. No nos referimos sólo a la discriminación racial. Una persona inclusiva no sólo respeta la existencia de otras personas, sino que también está abierta a nuevas ideas, nuevas visiones, nuevos conocimientos y nuevas formas de hacer las cosas que sean más adecuadas a sus objetivos.

No está cristalizado en sus creencias y tradiciones. Se acerca con respeto a todas las tradiciones y opiniones, así como al trabajo, la cultura y las tradiciones de otras personas, y ve belleza, significado, futuro y utilidad en ellas. La Jerarquía representa todo, cada camino de investigación, cada experiencia genuina. Para un servidor de la Jerarquía, cualquier conocimiento en cualquier campo es valioso.

La Jerarquía representa la inclusión. Como una gallina, un sirviente de la Jerarquía recoge a los polluelos bajo sus alas. Cada nación tiene su hermosa cultura. Un sirviente de la Jerarquía respeta todas las culturas. No sólo las respeta, sino que también trata de comprenderlas, amarlas y disfrutarlas. La inclusión es el esfuerzo progresivo por lograr la unidad y la síntesis.

• ***El quinto signo es la creatividad***: creatividad en todo: en las ideas, en los pensamientos, en el habla, en los modales, en el arte, en los negocios, en el hogar. En todas estas y otras áreas, un sirviente de la Jerarquía manifiesta creatividad.

La creatividad significa construir aquellos medios y maneras que puedan satisfacer las crecientes necesidades de la Humanidad, que puedan satisfacer la conciencia creciente de la Humanidad, que puedan satisfacer el sentido creciente de belleza de la Humanidad. Esas personas no están satisfechas con lo que son y lo que pueden hacer. Siguen adelante y buscan nuevas ideas, nuevas visiones, nuevas inspiraciones, nuevas impresiones y revelaciones. Tratan de actualizar estas cosas en nuevas formas, nuevas actividades y relaciones, para satisfacer las crecientes necesidades de la Humanidad y ofrecer una nueva visión a la conciencia en expansión de la Humanidad.

• ***La sexta señal es la honestidad.*** Sin honestidad no se puede liderar, inspirar, crear confianza o irradiar luz. Cualquier acción para explotar a los seres humanos con cualquier idea, propuesta o actitud genera consecuencias nefastas y socava la causa.

Nadie puede ser llamado servidor de la Jerarquía si no se ha graduado con honestidad en la Escuela de la Vida. Un servidor de la Jerarquía es honesto en sus pensamientos, palabras y acciones. La honestidad es una señal de que una persona está libre de las influencias de su yo inferior y del yo inferior de los demás. Una persona así es honesta, no porque los demás sean deshonestos u honestos, sino porque es parte de su naturaleza ser honesto.

La honestidad impone armonía y ritmo y trae la influencia de la Jerarquía en aquellos ámbitos donde viven personas honestas.

• ***El séptimo signo es la libertad de prejuicios.*** La mente de un servidor de la Jerarquía no está controlada por lo que la gente es, hace o dice. Él tiene su propia luz y en esa luz funciona. Los pensamientos, palabras, acciones y conducta de otras personas no oscurecen su luz. Él no les da poder para condicionarlo reaccionando de acuerdo con sus expectativas. Él manifiesta belleza, bondad, justicia, alegría y libertad sin ser condicionado por aquellos que tratan de imponerle sus normas y estados de ánimo.

En un sentido más profundo, estar libre de prejuicios significa ser libre para actuar a la luz de la Belleza, la Bondad, la Rectitud, la Alegría y la inclusión. Una persona libre de prejuicios no te hace daño porque tú le haces daño, sino que se preocupa más por ti porque tú le haces daño. Intenta encontrar cualquier vía para iluminarte, expandir tu conciencia y ayudarte a liberarte de tus limitaciones. Esto es parte de su servicio.

• ***El octavo signo es la liberación de la vanidad y del ego.*** Estos dos vicios van juntos. Todo egoísta está lleno de vanidad. En realidad, el ego está formado por imágenes de vanidad.

Un servidor de la Jerarquía está libre de vanidad. Se conoce exactamente tal como es. Sabe exactamente lo que tiene o no tiene. Sabe exactamente lo que puede hacer y lo que no puede hacer. El ego pone falsas medidas ante tus ojos y en tu mente. Un servidor de la Jerarquía es una persona clara y, como no tiene vanidad ni ego, ve exactamente lo que son los demás. Pero en lugar de juzgar y condenar a los demás, trata de iluminarlos con su ejemplo y su belleza.

La vanidad y el ego sirven a su dueño. Un sirviente de la Jerarquía sirve a los demás y trata de salvarlos y elevarlos. Trata de hacer que la gente recupere el sentido común. No puedes derrotar a un sirviente de la Jerarquía con tus errores o fracasos. No puedes derrotarlo con tus obras de oscuridad. No puedes derrotarlo porque uno puede ser derrotado sólo cuando tiene vanidad y ego.

• ***El noveno signo es la rectitud.*** La rectitud es la sustancia con la que se construye un servidor de la Jerarquía. La gente piensa que la rectitud es una virtud que se aprende en la vida terrenal, mientras que su verdadero origen reside en las normas impresas en el alma mientras está en los Mundos Sutiles. La asimilación de los valores verdaderos en los Mundos Sutiles florece como rectitud en las encarnaciones terrenales.

No es fácil enseñar a alguien a ser recto, pero cuando tiene la experiencia de los valores verdaderos, es recto por naturaleza. Los sirvientes de la Jerarquía son rectos en todos sus pensamientos, expresiones y relaciones porque conocen la Ley del Karma y conocen los principios que dominan en los Mundos Sutiles.

Los Grandes Seres no se hacen publicidad a Sí Mismos. Por Sus frutos los reconocemos. El personal jerárquico no piensa en Sí Mismo como cuerpos, formas o personalidades. Piensa en Sí Mismo como ideas, direcciones, corrientes de energía, virtudes o luces. La gente los llama por muchos nombres, y a cada uno de Ellos se le llama por muchos otros nombres. Pero Ellos no son nombres, cuadros o imágenes. Son principios, fuentes de belleza y guía y visiones para el futuro.

En Su estado real, son como sinfonías, flechas de energía, puentes entre mundos, arco iris entre orillas. Limitarlos a la forma humana y convertirlos en meras imágenes de la debilidad humana o hacerlos tan abstractos que la imaginación humana no pueda concebirlos, es trabajar en contra del trabajo que están tratando de hacer, que es construir un puente entre lo que el hombre es ahora y lo que puede ser en el futuro.

• ***El décimo signo es la fidelidad a la causa humana.*** Un sirviente de la Jerarquía intenta unir a la Humanidad y protegerla de las serpientes y los coyotes. Se preocupa por la supervivencia de la Humanidad y su futura perfección. Se preocupa por el planeta para que esté sano y sea capaz de alimentar a sus hijos.

Sufre con aquellos que sufren a manos de los poderosos. Trata de inspirar en ellos el espíritu de libertad y liberación. Para él no hay causa superior a la causa de la Humanidad y puede subordinar todos sus intereses al interés mundial.

Esas personas ya no son raras. Su número aumenta en todas partes.

• ***El undécimo signo es el sacrificio y el heroísmo.*** En el trabajo más pequeño, el sirviente de la Jerarquía demuestra un espíritu de sacrificio, y en tiempos de crisis el espíritu de heroísmo irradia de él. Demuestra coraje, valentía y osadía. Sacrifica su tiempo, dinero, propiedades e incluso su vida si es necesario. Vive una vida peligrosa, pero no es tonto ni descuidado. Es cauteloso y extremadamente observador. Sabe que la vida es peligrosa y también sabe que el camino más corto y rápido es el más peligroso.

• ***El duodécimo signo es la bondad o buena volun-***

tad. Un servidor de la Jerarquía desea el bien para todos, incluso para aquellos que no pueden vivir según sus normas. Piensa bien, habla bien y actúa para el bien, sin discriminación, porque sabe que, al tener completa buena voluntad, transmite la voluntad de Aquel que gobierna el Universo.

Todo verdadero discípulo es un servidor de la Jerarquía.

La Jerarquía es una fuente de bondad. Todo lo que intenta hacer es enseñar a la gente a ser buena, a expresar buena voluntad y a no violar jamás este principio con sus pensamientos, palabras o acciones.

Se nos dice que quienes alcanzaron la Maestría fueron aquellos que, durante miles de años, no cayeron en las trampas de la malicia, la calumnia y la traición. La existencia de tales vicios en cualquier ser humano revela inmediatamente que no es un trabajador de la Jerarquía, no importa con qué vestimenta o posición se presente.

La bondad es el fundamento de la vida de un trabajador jerárquico. Cuando encuentras a una persona así, te sientes seguro, protegido y bendecido.

Hay también doce señales mediante las cuales se puede reconocer inmediatamente a aquellos llamados trabajadores jerárquicos, que en realidad son lobos con piel de oveja.

1. ***Un trabajador de la Jerarquía no hace afirmaciones.*** No dice que es un Maestro o un gran Iniciado. Deja que la gente descubra exactamente lo que es. Cualquier afirmación prueba que aún no ha sido admitido en las filas más cercanas de la Jerarquía, o que es un mercader de la vanidad y el interés propio.

Un pretencioso intenta superponer su propia imagen sobre ti, para darte la impresión de que es un Gran Ser. Esas personas son muy pobres de corazón. «Por sus frutos los conoceréis».

2. ***Un trabajador Jerárquico nunca habla de los detalles de sus vidas pasadas, ni se interesa por las vidas pasadas de los demás.*** Al estar más cerca de la Jerarquía, sabe que lo importante es el futuro, no el pasado. Es el futuro el que llama al alma a ascender hacia la perfección y la belleza.

A las personas avanzadas ni siquiera les gusta mirar atrás porque no quieren volver a estimular los recuerdos del pasado, antes de que todos los recuerdos se vuelvan inofensivos. Los trabajadores jerárquicos no quieren ser influenciados por el pasado ni por quienes estuvieron con ellos en diferentes relaciones. Quieren tomar nuevas decisiones, poner a prueba su intuición y avanzar hacia el éxito y la victoria.

Es posible que tu Maestro, un Grande o tu Ángel Solar te revele una parte de una vida pasada por algún motivo específico. Pero incluso en este caso, no tienes derecho a hablar con los demás sobre tus vidas pasadas.

Se nos dice que incluso a los grandes Chohans no se les permite interesarse en las vidas pasadas de las personas excepto cuando, por razones ashrámicas, estudian, con permiso, algunas de sus vidas para ver si realmente están listos para manejar responsabilidades severas y si son capaces de llevar un pesado voltaje de energía.

3. ***Los trabajadores Jerárquicos no hablan de sus relaciones internas con los Grandes Seres.*** No utilizan los nombres de los Grandes Seres para recaudar dinero, construir reputaciones o influir sobre las personas. Esos pasos son pasos feos. Los trabajadores avanzados son trabajadores esforzados y no necesitan aprovecharse de su relación con las Fuerzas Superiores.

4. ***Un trabajador de la Jerarquía nunca habla de su rango en relación con los demás.*** Se oye a mucha gente decir cosas como: «Soy el comandante de la gente del espacio», «Soy el gobernante de los ángeles», «Acabo de recibir la Quinta Iniciación», «Hice una visita al Santo Ashram». Todas esas afirmaciones crean barreras en el camino de la Humanidad y las personas inteligentes sienten una profunda repulsión. No lo olvidéis: por sus frutos conoceréis a las personas.

5. ***Un trabajador de la Jerarquía no revela nada sobre tus vidas pasadas ni lee tu aura para presumir o para ganar influencia o dinero.*** Es posible que un trabajador de la Jerarquía, en algunas raras ocasiones, revele una parte de tu vida pasada para darte instrucciones específicas o para señalar un defecto en tu aura, a modo de advertencia. El trabajador de la Jerarquía está más interesado en la futura expansión de tu conciencia, más que en tu pasado.

Los discípulos del mundo deben tener mucho cuidado de no escuchar a esos charlatanes que leen el aura de las personas y les cuentan sus vidas pasadas sin tener la capacidad real ni una razón para hacerlo. Hasta que uno no desarrolle una clarividencia superior y pase la Iniciación de la Transfiguración, sus lecturas son falsas, inexactas, engañosas y mezcladas con millones de impresiones que flotan en el espacio[3].

6. ***Un trabajador jerárquico nunca impone su voluntad a los demás.*** Nunca viola el libre albedrío de las

3. Véase *Psique y Psiquismo*, cap. 21, y *Avance hacia el Psiquismo Superior*, cap. 1, para leer sobre la clarividencia superior; véase *El Cosmos en el Hombre*, cap. 19, para leer sobre vidas pasadas.

personas. Paga un karma pesado si lo hace. Tampoco da consejos directos ni espera obediencia.

Por ejemplo, un trabajador jerárquico no te dice que te cases con cierta persona o que te divorcies de alguien, o que tengas hijos o que no los tengas. Él no usa sus poderes psíquicos para dirigir a las personas en la dirección que él quiere. Por el contrario, el trabajador jerárquico trata de hacer que las personas sean independientes y libres. Él las ayuda a tomar decisiones y a resolver problemas, pero Él nunca decide por ellas ni les resuelve sus problemas.

Un trabajador jerárquico ayuda a las personas iluminando sus mentes, expandiendo su conciencia y permitiéndoles ver sus problemas desde diversos puntos de vista. Les sugiere libros, escuelas y maestros, y les ayuda a valerse por sí mismos.

A nadie se le permite interferir en el karma de otra persona. Este es un tema muy delicado. El trabajador jerárquico siempre está dispuesto a ayudar, pero no impone su voluntad a los demás ni viola su libre albedrío o karma.

7. ***El trabajador jerárquico nunca hace distinciones entre religiones.*** Sabe que todas las religiones son dadas por la Jerarquía para satisfacer diversas necesidades de diversos niveles de personas en diversos momentos. Pero honra la religión en la que nació sin sentir antagonismo hacia ninguna otra religión. Si se encuentra con extraños que no pertenecen a su religión, habla con ellos sobre su religión y trata de revelarles las capas más profundas de su religión, enriqueciendo y expandiendo así su conciencia.

El trabajador jerárquico sabe que todas las religiones son dadas a todas las naciones como caminos hacia la perfección. Ningún trabajador jerárquico impone sus creencias a los demás. Para él, lo importante es ver cómo vive la gente y no lo que cree.

Quienes trabajan dentro de los muros de los dogmas, las doctrinas y las tradiciones cristalizadas se verán limitados dentro de los muros construidos por los logros de quienes las crearon. Nuestro pensamiento debe ser libre para alcanzar nuevas alturas. Nuestro horizonte debe ser ilimitado, para permitirnos expandir nuestra conciencia. Al imponer a los demás los límites de nuestro pensamiento y creencias, o de nuestras doctrinas, dogmas y tradiciones aceptadas, no sólo limitamos a las personas y creamos barreras en el camino de su progreso, sino que también paralizamos nuestro propio progreso.

8. ***Un trabajador jerárquico nunca explota a las personas ni las maltrata.*** Para él, cada persona es sagrada. No miente a las personas ni las soborna para ganar votos. Es justo en sus relaciones y no quiere cargar su karma utilizando a los demás para su beneficio personal.

Tus hijos pueden ser servidores de la Jerarquía. Si los crías de la manera correcta, verás cuánta belleza aportarán a la vida.

9. ***Un trabajador jerárquico nunca exhibe fenómenos psíquicos***, y si utiliza sus poderes psíquicos en secreto para salvar a una persona, le da el crédito a Dios. El trabajador jerárquico nunca utiliza sus poderes psíquicos para influir en las personas, para crear atracción o reconocimiento, o para imponer su imagen a los demás. Los poderes que tiene son sagrados, y los utiliza sólo para el beneficio de los demás si su karma lo permite.

Si en casos excepcionales utiliza sus poderes, lo hace para glorificar la Fuente de todos los poderes. Su existencia entre las personas es una bendición. Su aura, su mirada y su tacto curan a las personas, las iluminan y las fortalecen. Se sabe que la presencia de un trabajador jerárquico puede prevenir terremotos y catástrofes naturales. Los trabajadores jerárquicos suelen ser enviados a ciertos lugares para proteger a las personas de los trastornos naturales con su presencia. Se los envía para restablecer la paz y la comprensión, para traer salud y prosperidad, pero permanecen desconocidos hasta que las personas desarrollan los ojos para ver su influencia.

10. ***El trabajador Jerárquico es económico.*** Nunca desperdicia su energía, ni la de los demás, su dinero, su tiempo, etc., porque sabe que el derroche crea karma y crea apego. Cuando uno desperdicia dinero, energía, tiempo y materia, significa que aún no ha aprendido el valor de lo que tiene. Y si no conoce el valor de lo que tiene, lo desperdicia o lo enclaustra. En ambos casos, trabaja en contra de la ley. La Ley de Economía significa utilizar todo lo que existe adecuadamente, con el propósito de la perfección.

El desperdicio es un impuesto a la Naturaleza y una carga para los demás. La Naturaleza se utiliza mal y se sobreexplota a causa del desperdicio. Cuando se explota la Naturaleza mediante el desperdicio, tenemos niebla tóxica; tenemos veneno; tenemos radiactividad. La economía es el equilibrio entre la Naturaleza y las necesidades humanas.

11. ***Un trabajador Jerárquico jamás se asocia con médiums y canalizadores.*** Sabe que la fuente de su inspiración no son esferas superiores sino entidades dudosas y fuerzas astrales. Sabe que un contacto con ellas puede ser fatal, porque a menudo crean una línea permanente

a través de la cual lo mantienen cautivo de las exigencias de las fuerzas destructivas[4].

12. ***El trabajador Jerárquico jamás intenta la nigromancia.*** Deja a los muertos libres para que prosigan su camino hacia los Mundos Superiores. En lugar de pedirles ayuda y dirección, trata de conducirlos hacia la luz a través de sus pensamientos elevados. Un trabajador de la Jerarquía sabe cómo contactarlos mentalmente y ayudarlos en su evolución. Incluso puede estar con ellos después de dejar su cuerpo mientras duerme. Pero nunca trata de traerlos a la tierra y hacerlos invertir su dirección.

La gente puede preguntar: «Si los trabajadores de la Jerarquía son tan hermosos, ¿por qué no vemos más cambios en la vida en general?». La respuesta es simple. Primero, se están produciendo enormes cambios, cambios hacia la unidad, la belleza, la síntesis y la paz. Segundo, es debido a la creciente presencia de trabajadores Jerárquicos que están saliendo a la superficie tantos conflictos. La buena voluntad hace que la gente vea la mala voluntad existente. La libertad hace que la gente vea dónde se está violando la libertad de la Humanidad. La unidad revela las divisiones y el separatismo existente. La luz revela la oscuridad.

Por eso el mundo está entrando en la «hora de la medianoche». Sólo en la hora de la medianoche comenzará el amanecer, y ésta será la victoria de todas las Fuerzas de la Luz y de todos los que trabajan en la luz y para la luz.

Cada discípulo es un heraldo de luz, una luz que brilla en la oscuridad, a través de su autosacrificio, a través del calor de su corazón, a través de la luz penetrante de

4. Véase *Cosmos en el Hombre*, cap. 21.

su conciencia y a través del poder y la belleza de la llama de su alma. Su misión es hacer brillar la luz. Su llama será firme y fuerte, incluso si el viento, la lluvia y la nieve azotan a su alrededor durante las noches oscuras y los días tormentosos. Es durante estos días que demostrará su poder de fusión con la Llama Divina, que le proporcionará continuamente la fuerza para persistir contra los elementos caóticos de la Naturaleza.

Sólo aquellos que mantengan su llama encendida durante los días tormentosos podrán construir el mecanismo mediante el cual será posible abrirse paso hacia los Mundos Superiores. Un discípulo es una luz que avanza en la oscuridad de la noche y en la oscuridad del día.

II

CÓMO SIRVEN LOS MAESTROS

Investigan, analizan, sintetizan. Son los estudiantes del cosmos. Son perfectos desde el punto de vista de los seres humanos.

Son principiantes desde el punto de vista del Plano Astral Cósmico. La evolución humana se lleva a cabo en el Plano Físico Cósmico. Hay otros seis Planos Cósmicos por los que se puede viajar. Los Maestros están activos en el Plano Físico Cósmico.

Se han comprometido a servir a la Humanidad y las veinticuatro horas del día tratan de satisfacer las necesidades de la Humanidad.

Viven en la tierra con sus cuerpos físicos o etéricos, pero tienen cuerpos superiores para planos superiores. Pueden enfermarse y curarse con sus propios métodos.

Nunca interfieren en las acciones humanas, excepto si detrás de una acción actúa Satanás.

Son guerreros en el sentido de que luchan contra elementos caóticos en todos los estratos. Luchan contra la ignorancia, la superstición, el prejuicio y la oscuridad. Luchan con la espada de la Luz: con coraje y sin miedo.

Siguen de cerca los acontecimientos planetarios. Viven en este planeta en lugares remotos. Uno o dos de ellos ayudan a grandes naciones o grupos de naciones. Viajan por todo el mundo. Están en comunicación instantánea entre sí.

Inspiran a quienes sirven a la Humanidad. Inspiran a aquellos artistas que aportan belleza en cualquier forma. Ayudan a los científicos si tienen una orientación espiritual. Buscan líderes y los inspiran para que tomen la dirección correcta.

Nunca interfieren en el karma de las personas. Quieren que las personas resuelvan sus propios problemas y elijan su propio camino con su propio libre albedrío. Pero envían la luz de la sabiduría, sabiendo que algunos la aceptarán y otros la rechazarán.

Protegen a sus agentes de luz en el mundo. Como grupo, construyen un escudo entre las fuerzas caóticas de la Naturaleza y la raza humana. Se les llama Pastores.

Ayudan a sus discípulos a expandir su conciencia y a penetrar en los misterios de la vida. Observan de cerca las actividades físicas, emocionales, mentales y espirituales de sus discípulos. Son sensibles incluso al destello de un pensamiento.

Con ceremonias especiales, admiten o inician a los discípulos en niveles superiores de conciencia y les revelan misterios mayores.

Curan a las personas, siempre que la curación no viole el karma de la persona. Curan principalmente enviando Sus energías o frecuencias especiales o guiando a las personas a lugares o personas para que encuentren los medios para curarse a sí mismas.

Meditan sobre misterios solares, galácticos y cósmicos.

Son viajeros en el camino del Infinito. No sólo trabajan en el plano físico, sino que también sirven en el plano astral y mental, donde existen aquellos que han dejado sus cuerpos.

Algunos de los Maestros son grandes pintores, escultores, organizadores de danzas y movimientos rítmicos. Algunos de Ellos son inventores. Algunos inventores en la Tierra están impresionados[5] por Ellos. Tienen aparatos para amplificar corrientes de pensamiento o registrar los pensamientos de otros. Tienen aparatos que funcionan mediante energía psíquica.

Algunos de ellos son matemáticos, otros son lingüistas, y también hay quienes son grandes financieros. Son estas personas las que hacen avanzar a la Humanidad a través de sus corrientes de pensamiento cuando son aceptadas.

Se nos dice que el líder de la Jerarquía es Cristo. Todos sus colaboradores son sus discípulos. La Jerarquía fue formada por un Gran Ser que se llama el Anciano de los Días. Como cuerpo colectivo, ofrecen un plan a la Humanidad: una constitución que, si se entiende y se sigue, ayudará a la Humanidad a tener salud, felicidad, éxito, paz y libertad en la Tierra y a pasar al quinto reino y disfrutar de la gloria que les aguarda en el futuro. No todos los Maestros trabajan en la Jerarquía. Después de ser entrenados en ella, pasan a desempeñar diferentes labores en el Universo.

Los Maestros no son individuos omnipresentes, omniscientes y omnipotentes. Son relativamente imperfectos y se esfuerzan por alcanzar la perfección. Pero pertenecen al quinto reino. La diferencia entre la Hu-

5. La «impresión» es la aptitud de recibir guía e instrucción de centros superiores. Véase *Psique y Psiquismo*.

manidad en general y los Maestros es la diferencia entre los reinos humano y animal. Ellos se llaman a sí mismos los Hermanos Mayores de la Humanidad.

Los Maestros son completamente clarividentes y clariaudientes. Esto significa que pueden ver los planos astral y mental con la misma claridad con la que ven el mundo físico. También pueden escuchar conversaciones, llamadas o mensajes provenientes de los Mundos Sutiles. Además, pueden observar la vida de sus discípulos, sus actividades emocionales y mentales si es necesario.

Todo esto se hace para servir a la gente y guiarla.

Son un grupo y este grupo se llama Jerarquía. Tienen clases y estas clases se llaman Ashrams. La Jerarquía y los Ashrams existen en el Plano Intuitivo. Hay muchas almas desencarnadas y seres humanos avanzados que pueden asistir a estas clases. Estas clases enseñan todo lo que puedas imaginar a niveles muy avanzados. La mayor parte del conocimiento traído a la Tierra por personas avanzadas son fragmentos de conocimiento impartido en estas clases.

Un tema importante es la sabiduría, que se enseña en todos los Ashrams. Quienes visitan los Ashrams desde la Tierra regresan y brillan con su belleza, sabiduría y liderazgo tanto como lo tolera su karma.

Los Ashrams reciben muchas almas del espacio, incluso de ciertos planetas y sistemas. Todas las personas prominentes del mundo son estudiantes de Sus Ashrams. Algunos de sus estudiantes son conscientes de los Ashrams; otros no, para su propia protección.

Los Maestros tienen la capacidad de abandonar su cuerpo físico o etérico. En sus cuerpos superiores viajan de un planeta a otro. Muchos Maestros visitan diariamente otros planetas donde viven personas con sus cuerpos etérico, astral o mental, y en diferentes formas.

A menudo visitan a sus discípulos en la Tierra con Su propia imagen y discuten con ellos asuntos urgentes.

Se comunican con sus discípulos hablándoles telepáticamente o enviándoles por fax etérico sus símbolos o diagramas importantes. Utilizan el método de impresión con sus discípulos avanzados.

Los Maestros tienen la capacidad de llevar a sus discípulos a visitar diversos vórtices espirituales en la Tierra e incluso a diferentes globos para ayudarlos a expandirse. Los llevan en sus cuerpos sutiles. Algunos de los discípulos pueden recordar sus experiencias; otros no. Sienten la irritación y el miedo, que los agobian. Sienten nuestra conexión con ellos y nuestra alegría, lo que les proporciona placeres espirituales.

Buscan motivos y calidad del servicio para promover a sus discípulos.

No utilizan milagros: creen que los milagros no existen. Todo lo que sucede es el resultado de la causa y el efecto.

Las personas piensan que los Maestros son magos y hacedores de milagros, pero Ellos trabajan con las Leyes de la Naturaleza y las respetan. Piensan científicamente y todas Sus operaciones se basan en un pensamiento científico y claro porque Su mente funciona más allá de la niebla y la neblina de las ilusiones y los espejismos, los prejuicios y las supersticiones.

No fomentan a los médiums, canalizadores o psíquicos. Piensan que algunas de estas personas están enfermas o poseídas por entidades inferiores o por los enemigos de la Humanidad.

No pertenecen a ninguna religión ni filosofía, son todo inclusivos.

Su característica principal es la compasión.

Tienen discípulos en todas las religiones y movimientos políticos que conducen a la Humanidad hacia la unidad, la paz y la libertad.

Los Maestros nunca dan órdenes ni imponen Su voluntad a Sus discípulos, sino que los iluminan con Su Luz.

Los maestros saben que todos están destinados a convertirse en maestros en el futuro, tal vez en miles de años o en millones de años. Los maestros tienen una imagen de perfección, una visión para aquellos que están despiertos.

Cada Maestro representa una corriente de energía cósmica. Cada Maestro tiene su color, su fragancia y su símbolo.

Hay Maestros que tienen forma masculina y Maestros que tienen forma femenina. Los Maestros que tienen forma femenina se llaman Taras.

En la Jerarquía hay representantes de todas las razas y naciones. Muestran interés por aquellas personas de la Tierra que se dedican sinceramente al servicio de la Humanidad en su conjunto y que se dotan de conocimiento, pureza y sabiduría para cumplir sus misiones. Para ser admitido en sus clases, uno debe brillar con la luz del servicio a la Humanidad.

Los maestros no tienen nombres reales. Se les llama por diferentes nombres en diferentes lugares y en diferentes épocas.

Cualquiera de nosotros puede ser un Maestro al dominar nuestra naturaleza y esforzarse por alcanzar el futuro.

Hay cinco pasos para alcanzar la maestría.

- Pureza de corazón.
- Meditación.
- Esfuerzo por alcanzar lo más alto.
- Compasión.
- Servicio sacrificial.

Hay nueve señales por las que puedes saber quiénes están en el camino de la maestría. Son aquellos que demuestran

- Inocuidad.
- Discurso Correcto.
- Buena Voluntad.
- Perdón.
- Justicia.
- Alegría.
- Libertad.
- Sentido de responsabilidad.
- Compromiso.

La mayor alegría del Maestro es ver la formación de la maestría dentro de cualquier hombre y de cualquier mujer.

Los Maestros y Sus Cuerpos

Se nos dice que la mayoría de los Maestros funcionan en sus cuerpos etéricos. Pero estos cuerpos etéricos están hechos de éteres superiores: Búdico, Átmico, Monádico y Divino. Se trata de éteres muy finos que sirven como aparatos de comunicación con los Mundos Superiores y con Otros Mundos.

Algunos todavía tienen cuerpos físicos, pero sus cuerpos son rítmicos y están hechos de sustancia atómica. Aquellos que tienen cuerpos físicos pueden abandonarlos en cualquier momento cuando necesiten trabajar en planos superiores.

Los que tienen cuerpos etéricos superiores brillan como arco iris con una luz deslumbrante. Entrar en contacto con esos cuerpos es muy peligroso, a menos que estés preparado, porque su frecuencia puede quemar tus centros. Por lo general se comunican con sus discípulos por telepatía o por la ciencia de la impresión o, a veces, por contacto directo.

Algunos Maestros tienen familias y viven una vida muy normal.

Existen también muchas entidades astrales, envanecidas por su ego, vanidad y espejismos, que actúan como amos en el plano astral y provocan contacto con los médiums a través de su naturaleza astral. Algunos médiums quedan fascinados por tales entidades y reciben mensajes de orden muy mediocre o común, pero el celo de los médiums hace que estas entidades sean «famosas» e importantes. Cuando llega el momento de que las entidades pasen al plano mental, su comunicación cesa. Sólo los cadáveres astrales se comunican con los médiums durante un tiempo de una manera progresivamente degenerativa.

Un verdadero Maestro sigue un plan con sus discípulos, en su mayoría guiándolos hacia campos de mayor servicio y sacrificio. Su influencia y poder crecen a través de Su instrucción y guía y continúan vida tras vida.

Maestros que Sufren

Uno podría preguntarse, ¿sufren los Maestros? Sí, sufren. En su larga y peligrosa vida, están expuestos a muchos peligros: peligro físico, peligro psíquico y peligro mental. Su equipo es tan sensible que registran la más mínima animosidad, emociones y pensamientos oscuros. Pasan por condiciones en las que se encuentran muchas trampas de las fuerzas oscuras y sus agentes. La oscuridad intenta por todos los medios eliminar a los servidores de la Luz. Sólo su vigilancia y buenas acciones los protegen.

Aquellos que disfrutan de Su compañía, a menudo Los traicionan y sirven a la oscuridad. Otros tratan de hacerles perder el tiempo o desviarlos para que no cumplan Su destino.

Se nos dice que muchas veces cambian de lugar para no ser reconocidos. Caminando hacia la perfección ilimitada, tratan de disciplinarse en todo porque saben que sin disciplina no se conquista la oscuridad. La supervivencia del más apto es una gran ley. Tratan de adaptarse a la vida que avanza y a los horizontes en expansión de una nueva conciencia.

Las personas imaginan a los Maestros sentados en el paraíso y disfrutando de la abundancia de la vida. Es cierto que en una parte de Su conciencia están en un gozo incesante, pero la otra parte de Su conciencia está en el mundo de la tristeza, el dolor y el sufrimiento.

A veces Ellos notan cómo un discípulo está sufriendo dentro de su karma, y sólo pueden extender Su mano de alegría, siendo incapaces de hacer nada más por él.

Su sufrimiento es muy profundo, especialmente en tiempos de guerra. Nadie puede ver el sufrimiento de los bebés, las viudas y las familias con tanta claridad como Ellos. Se apresuran a ayudarlos, pero a veces la necesidad supera Su capacidad. Su corazón de oro sangra y Sus lágrimas parecen sangre roja. No tocan el arpa con los ángeles. En realidad, reviven el sufrimiento humano.

III

CÓMO CONTACTAR CON TU MAESTRO

Podemos entrar en contacto con un Maestro a través de los siguientes pasos:

El primer paso es purificar tu cuerpo físico, tu cuerpo emocional y tu cuerpo mental. Esto significa que te abstendrás de crímenes, acciones incorrectas, acciones dañinas y desarrollarás tu cuerpo para que esté lo más saludable posible. Luego debes purificar tu cuerpo emocional de todo tipo de miedo, ira, odio, celos, venganza y calumnia. Este tipo de emociones contaminan tu cuerpo emocional. Luego debes purificar tu cuerpo mental del ego, la vanidad, el fanatismo, el separatismo y la codicia. Si se cumplen estas condiciones, estarás en el foco de la disciplina del Maestro.

El segundo paso es la meditación[6].

El tercer paso es la observación de la luna llena y la

6. Véase *La Ciencia de la Meditación.*

preparación de cinco días para la luna llena[7].

El cuarto paso es tener un plan de servicio y prestar servicio en tu campo para la Humanidad.

El quinto paso es vivir una vida noble y honesta.

El sexto paso es asimilar la Sabiduría Eterna tanto como sea posible y vivir la vida en consecuencia.

El séptimo paso es tener amor reverente por toda la creación.

Si se siguen estos siete pasos será imposible que el Maestro no se reúna con vosotros en persona.

Los Maestros son como aquellos que vigilan desde la cima de la montaña por la noche y observan el valle en busca de alguna luz que se acerque a ellos. Cuando ven la luz, se apresuran a ayudarte a subir la montaña para encontrarte con tu Maestro.

Los maestros están ansiosos de encontrar colaboradores. Quien muestra esfuerzo y nobleza, no lo dejan pasar.

Los Maestros no se ocupan de los intereses de vuestra personalidad. Están ansiosos por encontrar personas que dediquen su vida al servicio de la Humanidad, a mejorar la vida, al éxito de todas las personas. Los Maestros están interesados en personas que construyan líneas de comunicación con su mente abstracta, de modo que puedan relacionarse con ellas.

Los Maestros no son fantasmas. Son ejecutores inteligentes que se preocupan por sus compañeros de trabajo en todos los campos del trabajo humano.

La mayoría de los Maestros están en contacto con nosotros, pero no somos conscientes de ello. Nos guían a

7. Véase *Sinfonía del Zodíaco.*

través de sueños, visiones, sentimientos y telepatía, pero ignoramos estos esfuerzos.

Por encima de todo, la forma más rápida de encontrarlos es a través del servicio devoto y sacrificado por la Humanidad. Este es el camino más corto que finalmente te llevará a Su presencia. La magia, el mediumnismo, el psiquismo, el hipnotismo, la canalización, no te llevan a Ellos sino a espectros astrales que se hacen pasar por Maestros.

Si en una vida anterior, consciente o inconscientemente, serviste a la Humanidad y les prestaste un servicio sacrificial, estás más cerca de Ellos de lo que crees. Ellos ven que, desde tu conciencia y fuerza innatas, abriste tu camino hacia Ellos por una sola razón: aprender a servir mejor y cooperar con Sus esfuerzos por la transformación de la Humanidad.

A veces te contactan cada treinta años, una o dos veces en tu corta vida, pero ese contacto permanece contigo como fuente de fortaleza, inspiración y coraje.

Cómo envían mensajes los Maestros

A veces, es como si te hablaran. Oyes una palabra o una frase corta, pero esa palabra o frase corta abre un nuevo horizonte en ti. La palabra puede convertirse en una llave para un tesoro porque, además de la palabra, la palabra está cargada de pensamientos preñados de muchos tesoros. A menudo esas palabras no pueden llegar a ti en su pureza y totalidad. Hay muchas razones para esto. Las corrientes electromagnéticas las distorsionan. Algunas entidades astrales y mentales inferiores las absorben o las oscurecen parcialmente. Incluso es posible que algunas entidades mezclen otros mensajes con ellas para hacerlas confusas y sin sentido.

Hay algunos médiums que escuchan mensajes entre un Maestro y un discípulo, pero debido a que los médiums no están preparados para captar los mensajes, presentan al público algo ridículo o sin sentido.

El discípulo debe prepararse para poder recibir mensajes telepáticos del Maestro a través de la meditación y el silencio. Si no hay preparación, la recepción puede ser muy pobre y engañosa.

Los Maestros saben a qué hora enviar un mensaje para no ser atrapados por fuerzas oscuras o entidades malignas. Es imperativo que un discípulo no beba ni se drogue ni coma carne, porque estos elementos se reúnen a su alrededor y son entidades muy curiosas y perturbadoras.

También es posible que los mensajes se mezclen y se formen frases extrañas. Si el receptor no está atento, concentrado y dispuesto en su corazón, la comunicación no le servirá de nada.

La ciencia de la impresión es una ciencia superior a la telepatía. Utiliza una frecuencia diferente para traducir en la mente del receptor lo que éste desea. El equipo del receptor está específicamente organizado y preparado para ello.

A veces se comunican con símbolos. Tú ves símbolos en la pared de diversas formas y colores. El símbolo permanece allí de uno a tres minutos, a veces más tiempo si estás ansioso por copiarlo. Estos símbolos también están sujetos a la posibilidad de distorsión por tormentas atmosféricas y fuerzas oscuras, pero a menudo la visualización del Maestro puede superar todos los obstáculos posibles.

A veces se comunican a través de discípulos avanzados para advertirte o guiarte. Muchas veces a un discípulo avanzado se le prohíbe darte un mensaje del Maestro. Te da el mensaje como su mensaje y lo deja en tus manos para que lo aceptes o lo rechaces.

Quienes simulan recibir y dar mensajes acaban cayendo en una enfermedad cerebral a menudo incurable. Es una gran responsabilidad recibir un mensaje genuino y transmitirlo como si fuera un consejo.

IV

MAESTROS Y COLABORADORES

Existe cierta opinión de que los Maestros trabajan con personas que conocieron en el pasado. Esto no es del todo cierto. Si en la vida pasada alguien logró cooperar con Ellos y llevó a cabo Su tarea de una manera superior, por supuesto, en las encarnaciones futuras elegirán trabajar con esas personas debido al menor gasto de energía y fricción, pero no simplemente porque lo conocieron.

Si en vidas pasadas armonizaron sus centros con la voluntad de los Grandes Seres y con el Plan de la Jerarquía, los Maestros eligen a esas personas porque es más seguro trabajar con ellas y lograr mayores resultados. El contacto más estrecho hace estallar los fusibles de los que no están preparados y los daña.

Además, aquellos que fueron capaces de coordinar sus centros con los Grandes a través del esfuerzo y el trabajo duro, los Maestros eligen a estas personas debido a la armonía que existe entre ellos.

Los Maestros nunca favorecen a las personas. La única clave que necesitas es tu logro. Dondequiera que vean que estás listo, se acercan a ti y te invitan a una labor más cercana.

A veces, una persona, sin saberlo, trabaja muchas encarnaciones bajo la atenta mirada de Ellos hasta que deciden que es seguro tener contacto directo con ella. Esto lo reafirman los verdaderos Maestros.

Algunas personas, en cada encarnación, realizan un gran sacrificio o labor para Ellos, a fin de hacer realidad alguna parte del Plan. Eligen a esas personas como sus colaboradores. Esto es humano y natural. Una persona trata de trabajar con aquellos que son cooperativos, tanto física como psíquicamente, y que sufrieron muchas heridas en la vida y pagaron un karma pesado por el bien de la Jerarquía.

Maestros y Discípulos

Se preguntó por qué los Maestros son tan cuidadosos al elegir a sus discípulos. Cuando una persona se ilumina hasta cierto punto y comienza a pensar en términos de una sola Humanidad, los Maestros lo siguen con Sus ojos y le sugieren que entre en una disciplina. La persona pasa de una disciplina a otra según su capacidad de soportar y crear integración en su naturaleza, correctas relaciones humanas con los demás y alineación con su Señor Interno.

Su entrenamiento se profundiza. Aprende la ciencia de la meditación avanzada, la visualización y la imaginación creativa. Esto requiere muchos años de trabajo serio. Luego aprende a construir el puente dorado y a ser sensible a los pensamientos de su Ángel Solar y de su Maestro.

Luego aprende a registrar las impresiones más elevadas y traducirlas para el Bien Común.

Hasta que se alcanza la Tercera Iniciación, los Maestros trabajan entre bastidores e indirectamente. En la

Tercera Iniciación, lo llaman a una mayor preparación y a un mayor servicio. En la Tercera Iniciación, la persona comienza a pensar y se somete a un largo entrenamiento sobre la ciencia del pensamiento, porque después de la Tercera Iniciación trabajará principalmente a través de sus pensamientos y con ellos.

Después de la Tercera Iniciación, aprenderá la ciencia de la batalla contra las fuerzas oscuras en los niveles sutiles del plano físico. Las fuerzas oscuras se movilizan inmediatamente cuando alguien entra en la Tercera Iniciación. Los Maestros dedican una gran cantidad de tiempo y energía a proteger al Iniciado y a enseñarle la técnica de lucha.

A los ojos de los Maestros nada escapa. Ellos ven a quienes empiezan a llevar Su luz y los toman inmediatamente bajo Su protección. La persona no puede sentir la protección al principio, pero luego, poco a poco, se da cuenta de que está siendo protegida de muchos peligros.

Los maestros se reúnen con él cuando el momento es propicio y cuando la persona está lista para cooperar con todas sus fuerzas.

Los encuentros con el Maestro aumentan para el discípulo a medida que viaja hacia la Cuarta Iniciación, y establecen una profunda amistad para el servicio de la Humanidad.

Los maestros preparan a las personas directa o indirectamente, pero siempre entre bastidores, hasta que estén listos para encontrarse cara a cara.

El cuidado de los Maestros por sus discípulos es muy profundo. Ellos, con todo el corazón, esperan sus progresos y victorias para que se conviertan en miembros del Ejército de la Luz.

Todo tipo de entrenamiento en la vida y la disciplina son necesarios para que un discípulo pueda encontrarse con su Maestro Jerárquico. Con esta disciplina y entrenamiento, el discípulo lleva la imagen de su Maestro en el centro de su corazón con profunda devoción y dedicación a través de muchas encarnaciones. Esto es muy necesario porque la devoción y la dedicación lo preparan para responder a Su radiación, lentamente, hasta que se acostumbra a ella. Se nos dice que la radiación de los Maestros es tan poderosa como la radiación del radio.

Los Maestros preparan a sus discípulos lentamente hasta que son capaces de responder a la radiación de maneras creativas.

Sin embargo, los discípulos sienten esta presencia invisible y tratan de armonizar con Su voluntad y visión.

Cuando llega el momento, un Maestro se encuentra con su discípulo, y el encuentro no le sorprende debido a los largos años de preparación y disciplina.

¿Por qué los Maestros son tan cuidadosos al elegir las relaciones con sus discípulos? El aura de un discípulo puede influir en el aura del Maestro, y si no está limpia, el aura del Maestro puede dañar el aura del discípulo. Los espejismos, las ilusiones y el maya del discípulo deben ser limpiados hasta cierto punto, para que no obstaculicen la labor del Maestro. El discípulo puede ser sobre estimulado y convertirse en un peligro para el entorno.

Antes de que el discípulo esté listo para estar con el Maestro, debe resolver su karma.

El Maestro espera hasta que el discípulo esté preparado y no haya peligro en trabajar con él. Esto requiere trabajo y esfuerzo por parte del discípulo.

Maestros y Silencio

Los Maestros tienen muchas maneras de poner a prueba a un discípulo, pero la forma más difícil para un discípulo es cuando le enseñan con Su silencio, como si el discípulo no existiera. Permanecen recluidos en silencio hacia Su discípulo. No sólo no se comunican con palabras, sino que además se separan del aspirante o discípulo telepáticamente. Esto pone una tremenda tensión sobre el discípulo en la que crece en sabiduría y acción, si es un verdadero discípulo.

El silencio del Maestro también crea una crisis en la que los discípulos son puestos a prueba en su devoción, confianza, fe y responsabilidad hacia el Maestro y hacia las personas que los rodean. Muchos de los llamados discípulos se apartan del camino y muchos de ellos se vuelven antagonistas hacia la Enseñanza y hacia su Maestro.

No importa por qué condición esté pasando el discípulo, el Maestro lo observa en silencio para ver si su llama interior está encendida y se esfuerza. En un período de silencio por parte del Maestro, el discípulo debe continuar su trabajo con entusiasmo y sin quejas, pero, mientras tanto, debe tener cuidado de no romper de ninguna manera el «cordón de plata» entre el Maestro y él.

Hay períodos en los que el discípulo puede examinar de cerca sus pensamientos, emociones y actividades y desechar cualquier elemento indigno que encuentre dentro de sí mismo. Además, el discípulo aprende a no apoyarse en su Maestro, sino que tiene coraje y osadía para seguir adelante. Puede ejercitar su capacidad de valerse por sí mismo, de tomar sus propias decisiones, trazar sus propios planes y actuar independientemente de su Maestro, pero en armonía con las leyes y principios.

Hay personas en el mundo que, sin esforzarse ni acumular méritos, esperan que el Maestro las cuide, las guíe, las proteja, las enseñe. Si el Maestro ve que una persona está desarrollando una inclinación a depender de Él, la abandona, hasta que la experiencia de la vida le enseña a ser fuerte y a depender de sí misma y de su propio karma.

Algunas personas alaban a su Maestro de otras maneras: regalándole zapatos nuevos, una casa nueva, una buena cena, buena compañía. Esta es una actitud ingenua y no hace del discípulo un trabajador inteligente.

Los Maestros pueden cortar Su relación con Sus discípulos si ven que están desobedeciendo la Ley del Amor, o si están viviendo en diferentes globos o están involucrados en alguna emergencia. Cortan Su relación para probar la actitud del discípulo, o cortan Su relación para fortalecerlo. Tienen muchas razones para hacer esto y un discípulo aceptado conocerá Sus motivos.

Los discípulos inteligentes nunca desperdician la energía de sus Maestros. No esperan que se les aparezcan, que les den mensajes verbales, etc. Saben que con tales actos se utiliza un tremendo gasto de energía, y no se vuelven hijos dependientes de Ellos. Por el contrario, se preparan para quitarles algunas cargas de encima, demostrando así su comprensión y amor.

La gente piensa que los Maestros eligen como discípulos y colaboradores a aquellos que están:

- Instruidos en la literatura esotérica.
- Dedicados a sus estudios y meditación.
- Aislados de sus grupos y amigos, como si fueran personalidades e individuos destacados.
- Trabajando en iglesias y en organizaciones con posiciones más altas.

- Acumulando mucha gente a su alrededor y haciendo que su organización sea poderosa.

Es cierto que un discípulo puede tener una sabiduría y un conocimiento profundos; puede tener una posición elevada y un aura magnética; puede tener un vasto conocimiento sobre esoterismo, pero estos no son los únicos criterios por los que se le reconoce ante su Maestro. Además, debe tener cualidades subjetivas como la abnegación, que es la dedicación total al servicio de la Humanidad y una falta de interés en el aprecio y el reconocimiento. Los Maestros están interesados en personas que se olviden de sí mismas en el servicio a los demás y se esfuerzan honestamente por llegar a ser más para poder satisfacer las necesidades de la gente.

Son personas humildes, nobles y respetuosas de la ley. No tienen ego, orgullo ni vanidad. No piensan en su beneficio ni en su progreso espiritual, sino que buscan servir. Buscan personas que tengan control sobre su habla y que ningún halago, alabanza o placer pueda aflojarles la boca.

Tienen control sobre sus pensamientos, emociones y actividades, de modo que están en armonía con el plan «de Amor y Luz».

Tienen un control estricto sobre su discurso. Saben qué decir y qué no decir. Son personas nobles. La nobleza es una señal de que están en contacto subjetivo con la Jerarquía.

Están convencidos del Mundo Supramundano, el mundo subjetivo, y diariamente caminan en la luz de ese mundo.

La Jerarquía no escoge personas para el gran servicio de entre aquellos que aprenden, que se gradúan, que alcanzan posiciones y poder sólo para salvarse bajo el pretexto de servir a los demás.

Los candidatos al servicio Jerárquico creen en la Ley de Causa y Efecto y viven totalmente bajo esa ley porque el servicio Jerárquico no se puede realizar hasta que se actualice esa ley al límite más alto.

No eligen a sus discípulos entre aquellos que se jactan de su conocimiento, posición e influencia, sino que eligen a aquellos cuyos corazones son humildes y que ejercitan la abnegación y la renuncia de sí mismos.

Muchos discípulos se quejan de que no tienen ningún contacto con la Jerarquía y se preguntan por qué. Incluso la ansiedad de tener un contacto con Ellos es una imposición para Ellos. Vive tu vida a través del olvido de ti mismo, la inofensividad y el lenguaje correcto, y Ellos seguramente se pondrán en contacto contigo. Y cuando lo hagan, no te sentirás devastado porque Su contacto sacará y expondrá todo lo que esté sucio dentro de tu naturaleza. Su presencia también ayudará a que florezcan tus potenciales internos.

Mucha gente dice: «Ese es mi Maestro». Esta es otra señal de rechazo. Si conoces a tu Maestro, tendrás cuidado de no vender Su nombre en los bazares.

Debemos saber que no somos nosotros quienes elegimos a nuestro Maestro, sino que el Maestro nos elige a nosotros cuando estamos preparados. A partir de ese momento nuestros labios quedan sellados para no hablar profanamente.

Las personas que se preocupan por su personalidad no pueden caer bajo la luz de los Maestros. Necesitan personas que vivan una vida del alma, una vida práctica iluminada por la luz del Alma. Es esta luz la que traerá el poder de los Maestros al mundo y ayudará a la Humanidad en su necesidad.

Los discípulos serán aquellos que sean sensibles a la impresión de la Jerarquía y tengan ciertas experiencias en las que, a veces, sepan que fueron eclipsados[8] por Ellos. Si esta experiencia no existe y son víctimas de otras guías, el trabajo no puede seguir por la línea correcta. Un discípulo es sensible a la guía de la Jerarquía y todo lo que quiere hacer es la voluntad de su Maestro, quien puede eclipsarlo en ciertos momentos para hacer más efectivo su servicio. Cuanto más se despoje el discípulo de su ego, vanidad y personalidad, más útil podrá ser como agente en manos de los Maestros. Su individualidad irradia el poder de su Maestro e irradia sus propias palabras y poder, porque se encuentra en la conciencia de su Maestro.

Muy a menudo, un discípulo tiene una larga serie de sacrificios, abnegaciones y heroísmos del pasado. Se acumulan y lo hacen elegible. Esta colección pasada de acciones vivas, servicio y abnegación finalmente lo lleva a la presencia de su Maestro. Cuanto más se presenten estos discípulos ante el Maestro, más seguirá la salvación del mundo por el camino correcto.

---

8. La expresión «eclipsar» o «sombrear» se utiliza muchas veces en lenguaje esotérico para indicar que una consciencia superior, un gran Instructor o Maestro, está apoyando con su energía a un discípulo.–*El Editor.*

V

MAESTROS CONTEMPORÁNEOS

A cada portador de luz se le asignan deberes especiales. Lo que cada uno hizo no se puede comparar con lo que hicieron los demás. Sus obras sólo se pueden relacionar y ajustar entre sí como si uno estuviera tejiendo un tapiz precioso. Uno no es mejor que el otro.

Tampoco es adecuado tratar de encontrar defectos en la literatura de los distintos Portadores de Luz. Se dio en diferentes momentos para satisfacer las necesidades de las condiciones prevalecientes. Si, de hecho, hay diferencias, el estudiante debe tratar de ver y desarrollar su discernimiento y hacer esfuerzos para sintetizar esas diferencias.

Por ejemplo, una portadora de luz contemporánea como H.P. Blavatsky trajo consigo la enseñanza de los esquemas, las cadenas, los globos y las razas. Trató de destruir la cristalización entre religiones y entre religión y ciencia, y abrió la puerta a los tesoros de las culturas antiguas. Aportó una visión única sobre el significado de las enseñanzas de los Grandes Seres. Sentó una gran base.

Helena Roerich impartió la enseñanza del Agni Yoga, la enseñanza de cómo vivir como seres ardientes, cómo esforzarse por alcanzar el futuro, cómo toda la existencia es un mecanismo integrado bajo la dirección de una Presencia Divina. Impartió la enseñanza sobre la energía psíquica, el peligro, los mundos ardientes, el Mundo Sutil, el Imán Cósmico, la liberación universal de las mujeres y habló sobre los temas más esenciales.

Alice Bailey impartió la preciosa enseñanza sobre los chakras, el cuerpo etérico, el Antahkarana, el Cáliz, la naturaleza de los siete rayos, la iniciación y el discipulado. Esta enseñanza sintetizó las enseñanzas de H.P. Blavatsky y Helena Roerich.

Alice Bailey también nos transmitió otros tres aspectos de la Enseñanza:

- Triángulos para promover la Buena Voluntad.
- La Invocación Mundial.
- El Nuevo Grupo de Servidores del Mundo.

En realidad, el deber de Alice Bailey era desmitificar la obra de Blavatsky, que la mayor parte del tiempo era inaccesible para el lector promedio.

Las obras de estas tres mujeres, si se leen con atención, forman una unidad. Su intención y objetivo era:

- Crear la hermandad de la Humanidad.
- Traer libertad.
- Traer logros y realización espiritual.
- Poner a las personas en contacto con los potenciales Divinos en su espíritu.
- Revelar la Jerarquía.
- Revelar el Plan.
- Revelar el propósito de la vida.
- Crear cooperación entre todas las razas y naciones.
- Traer estabilidad económica.

Los líderes del mundo se sienten impulsados a alcanzar los estándares que fueron presentados ante la Humanidad por estas tres mujeres que sirven a la Jerarquía.

Los enemigos de la Humanidad son muchos. Atacan aquellas formaciones energéticas destinadas a cambiar la vida humana y traer cooperación y unidad universales y establecer contacto con los Mundos Superiores. La intención de los enemigos de la Humanidad es odiar la Belleza, la Bondad, la Rectitud, la Alegría, la Libertad y la unidad que estos grandes servidores de la Luz intentaron traer al mundo. Por lo tanto, los enemigos organizan diversos ataques contra las fuentes de la Enseñanza.

Es muy interesante que estos atacantes de la Enseñanza, en primer lugar, no leen la Enseñanza en profundidad, sino que reflejan las ideas de personas espiritualmente ciegas. En lugar de atacar la Enseñanza, deberían discutir los problemas de la:

- Contaminación.
- Degeneración de la moralidad.
- Corrupción generalizada.
- Violencia.
- Asesinato.
- Drogas.
- Prostitución.
- Perversión.
- Corrupción en los gobiernos.
- Separatividad.
- Odio.

Están por todas partes. Su objetivo principal es destruir las fuentes que alimentan a la gente con Luz, Amor, Belleza y correctas relaciones humanas.

También hay una disputa sobre quién de la Jerarquía vendrá como el nuevo Mesías. La Jerarquía no está compuesta de personalidades. Es una unidad. Quienquiera que venga de la Jerarquía es la Jerarquía porque el nuevo Mesías que viene va a dar el mensaje de la Jerarquía.

Cuando el Gran Maestro habla del Cristo, dice que es el nombre de un cargo, no de una persona. Es lamentable que la reaparición del que viene se convierta en un juego intelectual para apoyar intereses particulares.

En realidad, quienquiera que venga trae el mensaje de Luz, Amor y Voluntad. La Jerarquía puede delegar sólo a uno en nombre del Propósito del Señor de Shamballa.

No actuemos como teólogos sino hablemos de manera más inclusiva.

Entre los enemigos de la Humanidad se encuentran aquellos que leen la Enseñanza impartida por estos grandes servidores. Se encargan de la Enseñanza, para ejercer ataques criminales contra ella, llamándola por muchos nombres, tratando de sembrar semillas de duda, divisiones y, finalmente, odio en los corazones de quienes estudian la Enseñanza.

El nuevo día no puede llegar deshonrando y menospreciando a los Grandes Trabajadores que, a lo largo de los siglos, por sus propios medios y maneras, trataron de traer Luz, Amor y Belleza a la Humanidad.

Es imposible crear una civilización y una cultura superiores mientras se aplastan bajo los pies las flores de belleza que han florecido a lo largo de todas las épocas como mensajeras de Luz y gloria. Los servidores de la sabiduría respetan y adoran cada diamante otorgado por todas las religiones, ciencias y artes.

Las nuevas generaciones son más intuitivas de lo que creemos. Su conciencia tiende a la unidad y allí donde ven que se trabaja para crear divisiones, se retiran. Allí donde hay síntesis, prestan su ayuda. Es muy desagradable elevar la reputación de un Grande sobre la ruina de otro Grande.

Aquellos que realmente tienen contacto con la Jerarquía no pueden perseguir el interés propio, el honor y la gloria individual menospreciando a los Maestros y las Enseñanzas de varias eras.

Aquellos que realmente tienen contacto con la Jerarquía buscan la unidad, sacrifican su vanidad y sus espejismos, y especialmente sacrifican su juicio originado en su interés propio y en su mente mecánica inferior.

La gente intenta comparar la labor de Buda, Krishna, Moisés, Cristo, Mahoma y llega a la conclusión de que uno de ellos es mejor que el otro. Incluso intentan crear odio contra la obra de este o aquel Gran Ser. Esto produce degeneración moral y destruye el espíritu de devoción, dedicación y esfuerzo en todas las naciones.

El trabajo de estos Grandes Seres no se da para el estudio académico, sino para la autotransformación. Sus enseñanzas sólo pueden entenderse mediante la actualización y el logro, no mediante ejercicios teológicos y dogmáticos.

En los árboles de todos los Grandes Seres se pueden ver las más preciosas flores y frutos de los logros.

Atacar a uno de ellos es en realidad atacarlos a todos, porque su mensaje fue dado para satisfacer las necesidades de diferentes épocas y condiciones. Si rechazas el mensaje de uno, rechazas el mensaje dado por todos.

Los trabajadores en el campo de la Luz, pueden traicionar su propia enseñanza cuando se dedican a menospreciar cualquier enseñanza dada para la transformación de la Humanidad.

Durante muchos siglos, los fanáticos de esta o aquella enseñanza quemaron y destruyeron los libros de otros maestros, tratando de elevar la reputación del Maestro que los atraía. Esos eventos todavía se repiten en forma de incendios provocados por quienes tienen un intelecto agudo, pero no espíritu.

En los próximos días, no sólo se concentrarán en la «quema de libros», sino también en otras formas de quema: las críticas basadas en el odio y el interés propio. Esto es lo que Cristo quiso decir cuando habló de no trabajar contra el Espíritu Santo, contra la esencia de la unidad, el espíritu de unidad que existe conscientemente en todos aquellos que se dedican a ayudar a la Humanidad.

En realidad, si se estudian las obras de estas tres grandes mujeres, verás que se preocuparon por la visión del nuevo mundo. Su mensaje sólo puede entenderse utilizando cada una de sus enseñanzas como clave para interpretar y tocar la esencia de la otra.

Un día le dije a mi Maestro que podía entender mejor el mensaje de Cristo después de estudiar intensamente los mensajes de Krishna y Buda. Mi Maestro mirándome a los ojos me dijo: «Ahora que encontraste la clave, no la pierdas...».

Es un gran error si un trabajador produce cualquier fisura en la construcción de la Enseñanza. Pero es un pecado grave e imperdonable si cualquier mensajero intenta crear cualquier fisura en el Templo de la Enseñanza o entre los Maestros de la Luz.

VI

LOS MAESTROS Y EL TRABAJO

Aquellos que trabajan en la Jerarquía son libres en su labor. Cada uno trabaja en su especialización para el futuro. Cada uno trata de llevar sus experimentos al nivel más alto.

Los miembros de la Jerarquía no son omniscientes. Están en el camino de expandir su conciencia. Están expandiéndose, experimentando y expresando.

Todos los descubrimientos contribuyen al conocimiento general de la Jerarquía. Ellos acogen con agrado todo conocimiento que sea resultado de la experimentación. Todo lo que sucede entre los miembros del Ashram es fundamentalmente científico.

Cada uno es libre de llevar su propia experiencia. No hay conocimiento superior o inferior. Todo su conocimiento es revelación del conocimiento y de las Leyes del Cosmos.

Esto significa que los Maestros son investigadores y trabajadores. No son esas personas que todo lo saben, que todo lo pueden y que lo son todo. Por el contrario, son grandes trabajadores. Por supuesto, su conciencia está mucho más expandida que la nuestra. A veces somos hormigas en comparación con Ellos, pero también Ellos son bebés en comparación con la conciencia Cósmica.

La Jerarquía está en constante cambio, en constante ajuste y en constante esfuerzo.

Año tras año la Jerarquía cambia, mejora o reajusta sus planes y procedimientos de trabajo para seguir el ritmo del desarrollo humano y de las energías cambiantes que se vierten en nuestro planeta. Además, la expansión de la conciencia de los Maestros ejerce presión sobre la forma en que la Jerarquía debería trabajar en el futuro.

Las personas jerárquicas son como los ejecutivos de nuestras corporaciones. Por ejemplo, los ejecutivos no sólo tratan de sacar provecho de cada invención, sino también de cada oportunidad para poner a la corporación en la cima, especialmente en lo que respecta a equipos y personal. La Jerarquía también es cien veces más progresista que nuestras corporaciones. Se benefician de las ideas, revelaciones y energías superiores que se ponen a su disposición y también de la necesidad que presenta la Humanidad en progreso.

Se nos dice que cíclicamente la Jerarquía mejora Su plan y la aplicación de Sus ideas, reajustándose a las energías espaciales. Esto nos ayuda a comprender que el grupo interno de Maestros no está estancado en antigüedades, sino que está ansioso por aprovechar cada oportunidad para servir a la Humanidad con la mayor eficiencia posible.

En la Jerarquía, cada miembro está lleno de entusiasmo, de futuro y de un servicio sin fin. Su servicio se extiende a los siete campos de trabajo humano. Para cada campo hay un Ashram especial. Los Ashrams son campos especializados para satisfacer cada campo de esfuerzo humano.

Los ejecutivos más importantes de cualquier campo reciben ideas y visiones de su Ashram correspondiente. Si este vínculo es puro y fuerte, el ejecutivo se convierte en una parte ardiente del trabajo y la inspiración en su campo.

La Jerarquía tiene muchos agentes en cada campo del trabajo humano. Por eso podemos ver una marcha firme hacia el progreso, hacia lo nuevo. Cada campo se acerca a otros campos para cooperar y prestar un mayor servicio.

La fuente de expansión de todos los campos es la expansión de la Jerarquía. La expansión de la Jerarquía es como una tremenda presión que hace que la máquina humana avance y se eleve.

Existe la opinión de que las personas buenas, los santos, los maestros, los gurús y los maestros se retiran después de morir o van al cielo y al paraíso para descansar o disfrutar de las bellezas divinas. Esto no es el caso. Toda persona responsable y que avanza en cualquier etapa de su vida, se dedica a trabajar duro, a una labor ardua en beneficio de la Humanidad, y periódicamente se mantiene al ritmo de las energías espaciales cambiantes y de las necesidades humanas.

Toda la Jerarquía piensa en cuál es la mejor manera de salvar a la Humanidad y satisfacer sus necesidades.

VII

MAESTROS Y ESFUERZO

Los Maestros, en cualquier forma en que se presenten, inspiran esfuerzo. Cuanto más realista sea la presentación, más profundo efecto tendrá en nuestra conciencia. Una cosa que debemos recordar es que los Maestros alguna vez fueron humanos con todas las debilidades y poderes humanos. El único poder que los elevó a un nivel sobrehumano fue el esfuerzo por la perfección. El esfuerzo crea una especie de poder, que a su vez alimenta el esfuerzo.

En toda su vida, los Maestros se caracterizaron por el esfuerzo genuino, sincero y real. El esfuerzo era sus alas, su poder, su alegría. Nadie puede elevarse por encima de sí mismo sin esforzarse. El esfuerzo es la energía de ese núcleo dinámico que es la herencia de cada viajero en el camino. Este combustible mantiene encendida perpetuamente la antorcha del esfuerzo y nos lleva a las alturas eternas del ser.

Para nosotros, los Maestros son el símbolo del esfuerzo progresivo. Nadie puede respetar a su Maestro ni convertirse en su discípulo a menos que se esfuerce por alcanzar la perfección. La infinitud del camino es la fuente de Su entusiasmo. Nada los inspira con fuerza excepto la imagen de la perfección, y esta imagen siempre avanza a medida que se acercan a ella.

Una vez que entras en el camino del esfuerzo, muchos enigmas de la vida se convierten en hechos simples. El esfuerzo expande tu conciencia y eleva tu conciencia y tu posición. Puedes ver y experimentar en el nivel del progreso perpetuo.

Un Maestro se destaca como una imagen de adoración, como una imagen de devoción, como una presencia inspiradora para su esfuerzo hacia la perfección.

Cristo dio el plan para la Humanidad. El plan para la Humanidad es «ser perfectos como vuestro Padre Celestial es perfecto». No hay otro plan. Cada plan que la Humanidad pueda crear debe tener este núcleo dinámico. Si este núcleo dinámico existe en cada plan que la Humanidad conciba, entonces el mundo irá hacia la gloria y más gloria.

Muchas personas piensan que los Maestros no necesitan mejorarse, que ya son perfectos. Esas opiniones no tienen fundamento. No sólo los Maestros avanzan hacia la perfección, sino también toda la creación, todos los espíritus superiores, ángeles y devas avanzan hacia la perfección.

El esfuerzo es la ley del Universo. Desobedecer esta ley degenera a las personas, a los grupos y a las naciones. Cada paso que se da en la ley Cósmica trae consigo una corriente de vida. Finalmente, comprendemos que el esfuerzo hacia la perfección es la entrada a la vida. La vida se asimila por el poder del esfuerzo. Sin esfuerzo, la vida deja de existir.

Cuanto más fuerte se vuelve uno en la vida, más se

sumerge en las corrientes del esfuerzo. Los maestros son señales en el camino del esfuerzo.

VIII

MAESTROS Y ALEGRÍA

Los Maestros son fuentes de alegría y la Jerarquía es el vórtice de la alegría. Nada puede quitarle la alegría a un Maestro porque Él está bajo las corrientes de dicha de Shamballa.

Aquellos de nosotros que hemos hecho contacto con un verdadero Maestro podemos sentir Su alegría durante muchos años, y ésta se transforma en energía de esfuerzo y servicio sacrificado en nosotros.

Sin contacto con la Jerarquía, la vida se convierte en una carga, incluso con toda nuestra riqueza y poder. Es la alegría la que da sentido a todas nuestras acciones, porque conduce a la Jerarquía.

En medio de inmensas dificultades, barreras y obstáculos, la alegría abre el camino y allana el camino de la ascensión. Sin la Jerarquía, la persona es un huérfano abandonado.

Ahora es momento de organizar en todas partes grupos que estén de acuerdo y que se esfuercen, mediten y sirvan para difundir la energía de la Jerarquía. Dondequiera que haya tres, cuatro, siete o nueve discípulos reunidos para ponerse en contacto con la Jerarquía y difundir su energía, prestan un gran servicio a la Humanidad y a la Jerarquía. Pero estos grupos deben comprender desde el principio que existen para transmitir la influencia de la Jerarquía al mundo.

Estos grupos deben vivir en la conciencia de la Jerarquía y sentir que están pensando, sintiendo y actuando en el espíritu, amor y luz de la Jerarquía.

Estos grupos no defienden ninguna ideología ni religión. Su interés es llevar amor y buena voluntad a la Humanidad para que ésta utilice a los grupos para crear una vida en el planeta que inspire a otros a esforzarse por alcanzar la perfección y la síntesis.

La Jerarquía es una fuente de energía y guía. Quienes se reúnen en nombre de la Jerarquía recibirán energía y guía jerárquicas, que los convertirán en centros magnéticos y radiactivos de la Humanidad. Sin esto, algunas personas no tendrán ni un propósito ni una dirección en la vida. Sin propósito ni dirección, una vida perdida está en el camino de la decadencia y la destrucción.

Los Ashrams, y la totalidad de los Ashrams que constituyen la Jerarquía, son un vórtice de alegría. Todos los Maestros cantan canciones alegres mientras trabajan. Toda relación se basa en la alegría. La alegría es la atmósfera de la Jerarquía en la que trabajan los Maestros.

¿De dónde se origina esta alegría? De la conciencia de servicio. Cuando Ellos sirven, la alegría fluye de Ellos y se extiende a todos los rincones de la ubicación jerárquica. Incluso penetra en las flores, arbustos y árboles y llega a la tierra, a los discípulos que están en sintonía con Ellos.

En la alegría Sus esfuerzos son multidimensionales. Su destino es claro, los obstáculos desaparecen y toda la atmósfera se carga de energías electromagnéticas.

Nadie puede entrar en la Jerarquía excepto a través de la alegría. Nadie puede trabajar allí excepto con alegría, porque la alegría es el signo de la pureza y la maestría. La alegría es el signo de la entrega constante, la renuncia y la vida en el ser.

El Gran Sabio dice: «Si alguna vez escuchas nuestro canto en la Hermandad...». El canto en su esencia es la eliminación de toda fricción y el establecimiento de toda armonía, cooperación y unidad.

La Jerarquía realiza una labor multidimensional para satisfacer las necesidades multidimensionales de la Humanidad, pero en esta labor no hay ni una sola onda que genere desarmonía. Toda la labor fluye como una canción alegre en la máxima armonía y perfección.

Uno puede preguntarse: ¿Qué sucede si Su trabajo es rechazado por la gente o distorsionado? ¿Se sienten molestos? Su trabajo no tiene anticipación. Trabajan por la necesidad, y saben que con el tiempo será asimilado. El trabajo jerárquico nunca se pierde. El lugar y el tiempo difieren, pero las joyas encuentran su suelo apropiado, incluso si son rechazadas por aquel a quien se dirigió la ayuda.

También se considera la distorsión de Su ayuda. Y saben que una vez que Su ayuda llega a una persona, crecerá como energía, y eventualmente vencerá la debilidad de la persona.

La alegría circula entre Ellos como un río de energía. Su corazón y su espíritu manifiestan alegría en todo momento, especialmente cuando están bajo una gran tensión.

Piensan con alegría; se comunican con alegría, se saludan con alegría. La alegría mantiene pura y electromagnéticamente tensa toda la atmósfera de la Jerarquía.

La gente puede comunicarse con Ellos si desarrolla alegría: una alegría que es real, sacrificadora, radiactiva. Una alegría así atrae Su atención. Todos los verdaderos servidores son reunidos bajo Sus alas por la alegría.

A cualquiera que haya podido ser parte de un Ashram y haya tenido la oportunidad de visitar la Jerarquía, se le ve el rostro resplandeciente de alegría. Se convierte en un dispensador o agente de alegría. Y la alegría crea ese magnetismo que atrae a la gente hacia la alegría. Así es como se forman los verdaderos grupos. Cada miembro se siente atraído no por una enseñanza externa sino por la alegría del grupo.

IX

MAESTROS Y PROTECCIÓN

Muchas personas, cuando comienzan a meditar y a leer literatura jerárquica, tienden a pensar que ahora están en el aura del Maestro y que Él los protegerá de muchos males. Incluso algunos estudiantes se sienten afligidos y enojados al ver que su vida no es feliz ni tranquila, sino que están transitando un camino lleno de baches y de muchos dolores y sufrimientos. De vez en cuando culpan a su supuesto Maestro y piensan que Él no les está dando una vida placentera, comodidades, etc.

En primer lugar, tu vida es la vida de tu karma. Tu vida es la manifestación de tu karma pasado. Un Maestro nunca interfiere con la Ley del Karma. La Ley del Karma es muy sagrada para Ellos y te permiten enfrentarte a tu karma.

Si estás dedicado a la causa del Plan Jerárquico, los Maestros tienen el derecho de interferir en los acontecimientos de tu vida sólo cuando estos acontecimientos no sean el resultado de tu karma, sino que sean el resultado de ataques psíquicos o ataques que provengan de fuerzas oscuras[9]. Cuando esta sea la causa, Ellos pueden

9. Véase *Combatiendo Fuerzas Oscuras*, cap. 2.

interferir. A veces, incluso en estos casos, Ellos quieren que manejes tu problema sin Su ayuda, para que te fortalezcas y te prepares para luchar contra las fuerzas negativas de la Naturaleza: ataques psíquicos, ataques subconscientes, etc.

En casos raros, cuando agotas tus energías y un ataque es fuerte, Ellos interfieren y aplastan el ataque y te liberan para prepararte para convertirte en un mayor guerrero.

Toda su intención es hacerte poner de pie y enfrentar tu karma o luchar contra los ataques.

Es muy difícil distinguir entre ataques y karma, pero los Maestros lo saben y te extienden Su mano si estás bajo un ataque. Además, comenzarás a conocer la diferencia entre ataques y karma y te prepararás para enfrentarlos.

A veces son muy obvias. Te condenan por un crimen que no cometiste. Si sucede que realmente te sentencian por algo que no hiciste, en la próxima vida recibirás tu compensación. La rectitud es la ley de los Mundos Superiores y los Maestros trabajan bajo la Ley de la Rectitud.

Cuando trabajes duro y gradualmente ganes Su confianza y alcances etapas superiores de discipulado, Ellos te protegerán automáticamente de cualquier ataque.

Llegar a esta etapa no es fácil. Vida tras vida estamos en un proceso de entrenamiento. Aprendemos, experimentamos y tenemos experiencias. La actitud principal del discípulo es centrar su dedicación en su Maestro sin expectativas de ningún tipo, pero con la fe firme de que Él te está observando.

X

LOS MAESTROS Y SU FORMACIÓN

Con frecuencia nos preguntan si los Maestros pasan por períodos de entrenamiento y por qué. Pasan por períodos de entrenamiento de muchas maneras para perfeccionar su receptividad y servicio al mundo.

La receptividad está relacionada con un centro superior en el planeta que guarda secretos más vastos acerca del propósito de la vida Planetaria, la vida Solar y la vida Cósmica. Los miembros avanzados de la Jerarquía reciben Su dirección, orientación y labor para transmitirla a quienes están funcionando en el campo del servicio mundial, para inspirarlos, alentarlos y mantenerlos en línea con la Voluntad Superior.

Su entrenamiento está relacionado con registrar claramente la Fuente y el mensaje de la Voluntad Superior, para comprenderlo y asimilarlo, y poder apropiárselo a quienes están en el campo de batalla de los acontecimientos mundiales.

Necesitan desplegar y sincronizar sus centros y sentidos superiores, construir las partes superiores del Antahkarana desde lo Átmico y lo Monádico hasta lo Divino. Necesitan desarrollar coraje y fuerza para estar en contacto con las Vidas Superiores con exactitud y transmitir Sus impresiones a quienes sirven.

Aquellos Maestros que dirigen su atención a los acontecimientos mundiales y sirven a la gente para ayudar a resolver problemas cruciales reciben un entrenamiento diferente, por ejemplo:

- Cómo apropiarse de sus vehículos en la atmósfera de las emanaciones humanas.
- Conocer el principio activo en los siete campos del trabajo humano.
- Descubrir los campos más apropiados para entrar en contacto con la Humanidad.
- Encontrar discípulos e iniciados avanzados e inspirarlos para que sean puntos de luz en su campo.
- Ver las consecuencias kármicas y corregir su enfoque en consecuencia.
- Manejar aquellas naciones que están abiertas al Plan Jerárquico.
- Formar obreros en la heroica obra de la salvación mundial.

Hay otra fase de su entrenamiento: cómo no verse afectados por el mal personificado y ver los problemas como son y cómo ver el bien en la Humanidad sin dejarse atrapar por el maya, espejismos e ilusiones de la Humanidad. Este estudio puede llevar cientos de años para dominarlo y ponerlo en práctica.

Un Maestro es aquel que asume la responsabilidad de seguir adelante y beneficiar a la Humanidad con todos sus logros.

Se nos dice que Ellos no pierden tiempo ni oportunidad de entrenarse para prestar servicio.

Son científicos del mundo y se desarrollan en profundidad científica porque manejan el fuego y trabajan con él. Esto significa que el más mínimo error que cometan puede tener consecuencias catastróficas.

En una nación, sobre todo en los niveles superiores, cada centro, cada combinación, cada ciclo, cada corriente de energía cambia. También hay energías que pueden ser venenosas para nuestro planeta, energías que están mucho más allá de nuestra capacidad de asimilación. Ellos vigilan todos estos y muchos otros puntos para la seguridad de la evolución humana. «A veces», dice el Gran Sabio, «nuestro sudor, como una gota de sangre, cae de Nuestra frente».

Debemos recordar, de hecho, que el planeta, el sistema solar, el Cosmos, la galaxia, el universo son campos de entrenamiento. Cada Chispa de vida se esfuerza por alcanzar la perfección para servir con inteligencia y sabiduría, y el Maestro en ese camino está a unos cuantos miles de kilómetros por delante de nosotros.

Entrenamiento Jerárquico

En la Jerarquía hay un grupo cuyo deber es estudiar la relación de los cuerpos celestes, la relación de las energías, su intercambio y la química que crean. Estudian para descubrir los ciclos, los momentos críticos, las oportunidades para proteger a la Humanidad o para ayudarla. Son grandes naturalistas y la Naturaleza les enseña cómo beneficiarse de los cambios, ciclos y transformaciones.

Presentan sus observaciones a la Jerarquía, y ésta moviliza todas sus fuerzas para crear una red a través de la cual se puedan dirigir energías benévolas hacia la Humanidad. Los discípulos prominentes actúan como puntos de distribución de estas energías.

Los miembros de la jerarquía no son personas omnipotentes. Son hijos adultos de la Naturaleza y de los cuerpos celestes. Aprenden las leyes del Cosmos a cada instante. Intentan ayudar a la Humanidad en su lucha por la vida.

La gente hace que los Maestros sean dioses. De hecho, son muy avanzados en comparación con los seres humanos, pero en comparación con el Universo pueden ser humildes estudiantes. Su dominio sobre sí mismos no significa un dominio total del Universo. Es el resultado de sus experiencias pasadas, conocimiento, servicio y sacrificio, pero les esperan horizontes nuevos y más amplios para avanzar hacia la perfección relativa.

Todo lo que aprenden de los cuerpos celestes lo comparten con los miembros de la Jerarquía, la cual, a su vez, decide cómo utilizar esta información para Su servicio a la Humanidad y Su avance hacia Shamballa.

La mayoría de los miembros de la Jerarquía son de la Humanidad. Están claramente familiarizados con la causa de nuestro sufrimiento, karma e ignorancia. Tienen una gran compasión por nosotros y tratan de estimular nuestro esfuerzo para que podamos avanzar por el sendero de la perfección.

Si hay nuevas energías disponibles en el Cosmos, intentan traerlas a nuestro planeta y, utilizando ciertos métodos, distribuir las energías entre la Humanidad para evitar la inercia, el odio, el miedo, la parálisis y para imprimir cooperación, armonía y comprensión.

En ciertos momentos se ven obligados a realizar cirugías en la Humanidad en forma de cataclismos, para luego proteger al resto del mundo de los choques Cósmicos.

Hay Existencias y Seres en el Cosmos en relación con los cuales nuestros grandes Maestros se sitúan como hormigas. Así es toda la Existencia: el Misterio de los Misterios. Estamos agradecidos a los Maestros y a la Jerarquía que establecieron una estación para el progreso de la Humanidad y para el estudio del gran Kosmos.

XI

MAESTROS Y JERARQUÍA

La Jerarquía no es el cuerpo colectivo de fantasmas, entidades astrales o aquellas entidades que acuden a los médiums y hablan a través de ellos. La Jerarquía es la Sede viviente de un Grupo Educativo Mundial.

El grupo está formado por todos los Maestros de todas las religiones. Son Grandes Maestros. Comenzaron como nosotros, como seres humanos, y luego se desarrollaron, etapa por etapa, hasta alcanzar niveles superiores de conciencia. Dominaron sus vidas, sus personalidades, sus mentes, sus cuerpos, y se volvieron perfectos en todos los planos.

La mayoría de ellos viven en el mundo. Tienen cuerpos como nosotros. Algunos de ellos tienen cuerpos que están compuestos etéricamente. Algunos pueden materializarse y parecer como nosotros. Algunos de ellos trabajan en el plano físico. Algunos de ellos trabajan en el plano mental y en esferas superiores, pero todos ellos están conectados estrechamente y en contacto telepático entre sí. Observan todo lo que sucede en este mundo.

Un Ser Superior dice que tenemos en la Jerarquía un mecanismo, una computadora, que registra inmediatamente si alguien anuncia la palabra de la Jerarquía. Por ejemplo, había un discípulo que estaba en peligro. De pronto, escuchó la voz de su Maestro: «¡No camines más! ¡Detente ahí!». El discípulo se salvó de un gran peligro. Su Maestro estaba a mil millas de distancia.

Seremos como Ellos. Nuestro cerebro tiene tantos secretos. La Humanidad está utilizando sólo el dos o tres por ciento de su cerebro. Si los centros del cerebro se desarrollan y se despliegan, tendremos un televisor dentro de nosotros que tendrá todos los canales. Cada vez que queramos sintonizar con cualquier evento, con cualquier persona, veremos con nuestros ojos lo que está sucediendo en todo el mundo. En el lenguaje jerárquico eso se llama el espejo. Los Grandes Seres tienen Sus espejos. Por ejemplo, en la Jerarquía hay una gran cueva. En las paredes de la cueva existen pequeñas imágenes de todos los discípulos que avanzan y hacen nuevos avances. Un Ser Superior, un miembro de la Jerarquía, viene y observa las imágenes y, de acuerdo con su color, radiación e intensidad de vibración, reconoce inmediatamente lo que está sucediendo en el discípulo.

Ellos pueden observarte en todo momento. Pueden verte. Pueden comprenderte realmente. Un miembro de la Jerarquía nunca interferirá en tus asuntos personales. Hay una idea muy distorsionada y engañosa acerca de Ellos. En alguna literatura se dice que los Maestros están involucrados con nosotros, con quién debemos casarnos, qué debemos comer, qué trabajo debemos hacer, qué novia debemos elegir, esto o aquello. En realidad, a Ellos no les interesa en absoluto. Sólo les interesa el progreso global, el avance y la transformación.

Esos «Maestros» que se encuentran en alguna literatura son pseudo-maestros, meras invenciones de la imaginación humana. Los Seres Reales tratan con grupos o masas. ¿Qué hacen? Crean condiciones mentales y espirituales y nos desafían a esforzarnos por alcanzarlos. No nos fuerzan. No violan nuestro libre albedrío. Nunca nos imponen Sus ideas. Simplemente brillan con Su belleza, con Su maestría intelectual y espiritual. Crean y evocan dentro de nosotros algún tipo de esfuerzo hacia Ellos, de modo que finalmente nosotros, como pequeñas semillas, nos convertimos en un gran árbol y alcanzamos nuestro destino. Somos como bellotas. Hay un gran, inmenso roble que es nuestro destino. Ese es un Maestro, un miembro de la Jerarquía. ¿Qué somos? Todavía somos plántulas. Pero nuestro destino es muy grande. Nuestro destino es llegar a ser como Ellos. Es por eso por lo que Cristo dijo una vez: «Sean perfectos como vuestro Padre Celestial es perfecto».

Dijo algo más que fue muy perturbador para algunas personas de mente estrecha. Dijo: «Harás cosas mayores que las que yo he hecho». La perfección de Cristo no es una barrera para nuestro progreso.

Por ejemplo, si te conviertes en un médico de tan alto nivel que nadie puede superarte. Por el contrario, los miembros de la Jerarquía tienen una regla: crear condiciones que permitan a las personas que los rodean superarlos. Esto nunca se entiende. Tenemos la intención de mantener a las personas por debajo de nosotros. Decimos: «Detente ahí, ahora. Estás avanzando demasiado. No deberías ir más allá de mí». La regla de la Jerarquía, que es totalmente la contraria, dice que si quieres avanzar en los escalones de la perfección universal, haz que alguien avance más que tú. Esto destruye tu vanidad, tu ego, tus celos, tu estupidez, tu estrechez de miras. Los maestros y líderes no deben ser un modelo ni una barrera para el progreso de otras personas.

Cuando uno va al gobierno, a las grandes fábricas, a las grandes organizaciones, se encuentra con una cosa: los fuertes mantienen a raya a los débiles. «Simplemente quédense ahí. No avancen más allá de nosotros». Incluso si una persona es un genio, quieren destruir a ese genio para que no ocupe su puesto. Eso lo sabemos. Pero en la Jerarquía la regla es totalmente diferente. ¿Cuál es la regla en la Jerarquía? Si uno quiere avanzar en el camino del Infinito, hacia la perfección de Dios, debe hacer que todos sean más avanzados que uno, para que finalmente alguien se gradúe y ocupe su puesto y le permita trabajar en puestos de mayor responsabilidad.

Ése fue el secreto que Cristo reveló cuando dijo: «El mayor entre vosotros debe ser el servidor de todos». Nunca lo entendimos. Lean libros, vean la televisión, lean los periódicos y verán una sola cosa: yo, yo, yo, lo nuestro, lo nuestro, lo nuestro. Eso es lo que mantiene al mundo atrasado.

En la regla de la Jerarquía, cada Gran Uno trabaja para hacer que alguien avance tan rápido como pueda, sin imposiciones.

La Jerarquía está compuesta por muchos Grandes Seres de todas las religiones: grandes santos, grandes maestros de la literatura, el arte, la filosofía, la política y la educación. Cuando la gente escribe sobre la Jerarquía, da la impresión de que los miembros de la Jerarquía son todos personas religiosas, como cristianos, budistas o musulmanes. No es así. Pertenecen al todo. No tienen ningún «ismo», ningún color, ninguna pertenencia, aquí o allá. La universalidad mundial está en Su alma. Son universales.

Se ocupan de nosotros dentro del concepto de logros universales. Si sois buenos, sois buenos porque pensáis en toda la Humanidad. Si queréis avanzar, debéis desarrollar el mismo espíritu de universalidad. Todas estas personas, de todas las razas, de todas las religiones de la Jerarquía, componen la *nube de testigos*. La nube de testigos es la luz que brilla sobre el planeta para educar a la Humanidad.

¿Cómo vamos a ser educados si no tenemos Maestros? Se nos dice que hace muchos millones de años, los Grandes Seres vinieron a la Humanidad infantil para enseñarles. Vinieron de otro planeta y se encarnaron en este planeta. Se convirtieron en los Reyes y Reinas y Maestros de la Humanidad. ¿Cómo empezaron? Empezaron con danzas, dramas, recitaciones, cantos, disciplina, educación y poco a poco, fueron energizando el fuego en la Humanidad. Esto se hizo de tal manera que ahora nos estamos desarrollando en muchas dimensiones. Detrás de todo progreso en la Humanidad, encontrarán un Maestro, un Grande, que inspira a la Humanidad.

En los gobiernos, muchos Grandes Seres vinieron y aparecieron y hablaron de algo, y luego desaparecieron. No oísteis hablar de estos sucesos, porque si los gobiernos escribieran sobre ellos, la Humanidad diría: «Están alucinando. Son médiums. Son canalizadores». Sin embargo, podéis encontrar este tipo de acontecimientos si estudiáis con mucho cuidado las historias de muchas, muchas naciones.

Por ejemplo, en el Lejano Oriente, el gran emperador mongol, el rey Akbar, estaba en contacto continuo con la Jerarquía. Una vez estaba cazando y su grupo estaba rodeado de muchos ciervos y animales salvajes. Este gran grupo de gente tenía la intención de matar a los animales. De repente se escuchó la voz del Maestro de Akbar. Dijo: «Encuéntrame debajo de ese árbol». Lo que conversaron no quedó escrito, pero cuando Akbar regresó dijo: «No vamos a matar más animales».

El grupo de cazadores se dispersó. Dijeron: «Estábamos dispuestos a matar a todos estos animales». «Sabes, son tesoros», dijo el rey Akbar, «Dejaremos de matarlos». A partir de esa fecha, realizó muchos cambios en el palacio y en el gobierno. Era tan benévolo, tan hermoso. Una cosa que hizo, y ningún rey o presidente del mundo ha hecho esto nunca, fue reunir a todo tipo de personas religiosas y filósofos en su corte. Les pidió que hablaran sobre su religión y filosofía, y escuchó. Después de dos o tres horas de escuchar, dijo: «Sabes, algunos de ustedes tienen razón. Algunos de ustedes no saben de lo que están hablando». Entonces quiso ver a todas las religiones unidas, porque vio que la Jerarquía no estaba compuesta por una religión sino por todas las religiones.

Puedes encontrar esta historia e información en la literatura sufí de Asia Central, donde hay grandes Maestros Sufíes, muy Superiores. Algunas personas piensan que son paganos, pero si alguna vez vieras a dos o tres de ellos, te sorprenderías. Son individuos poderosos, santos, hermosos, magnéticos.

Un día estábamos en la escuela en el Lejano Oriente. El Maestro dijo: «Hoy viene un invitado». Antes de que el invitado llegara empezamos a temblar. Ya habíamos atraído la energía de un Ser Superior. Vino y habló durante media hora. ¡Estábamos en el cielo! Grandes Seres como esos existen en todas las religiones y de todas las nacionalidades.

Los miembros de la Jerarquía caminarán entre nosotros. No habrá míos y tuyos, mi religión, mi raza, mi nacionalidad, mi país, sino que habrá una verdadera sinfonía unida de lo mejor de la Humanidad.

En la historia leemos que la mayoría de estos grandes miembros de la Jerarquía, que vinieron al mundo y nos dieron una enseñanza superior, nacieron de la misma madre. Por ejemplo, la Madre de Mercurio y Hermes se llamaba Maya. La Madre de Siamus se llamaba Salvador. La Madre de Samanakadem se llamaba Maya. La Madre de Adonis se llamaba Mira. La Madre de Buda se llamaba Maya. La Madre de Cristo se llamaba María.

Ahora, observen lo que les está sucediendo a los miembros de la Jerarquía. Pertenecen a todas las religiones. En primer lugar, cuando hablamos de Cristo de manera cristiana, decimos que Cristo pertenece al cristianismo. Cristo ni siquiera es cristiano. El cristianismo se formó más tarde. Por supuesto, se sorprenderán al leer esto. Cristo nunca quiso establecer una religión. Él tenía una sola religión, que era «amaos los unos a los otros como yo os amo». Crear relaciones humanas correctas, paz en la tierra y gloria a Dios. Esa es Su filosofía o religión.

Si mantenemos la sencillez de Cristo, cómo vivió, cómo se preocupó por todos, cómo fue crucificado y sufrió por nosotros, no hablaremos de predicar ni de dar sermones. Nos amaremos y nos ayudaremos unos a otros.

Los miembros de la Jerarquía eran todos como nosotros. Con el tiempo, algunos de ellos construyeron su alma. La gente de todo el mundo piensa que son seres humanos inmortales. Nunca serás inmortal hasta que alcances la inmortalidad a través de tu propio esfuerzo, trabajo, sacrificio, servicio y siendo un alma.

Si lees literatura esotérica avanzada, verás que millones y millones de seres humanos perecen después de morir porque no construyeron dentro de sí mismos el principio inmortal, al que llamamos alma. Para llegar a ser inmortal, es necesario tener una conexión con tus principios superiores, de modo que cuando mueras, no seas borrado y aniquilado, sino que seas consciente del camino infinito[10].

Todos los miembros de la Jerarquía demuestran una vida de servicio sacrificial. Todos ellos prestan servicio sacrificial y dedicado a la Humanidad, no sólo a su nación, sino a toda la Humanidad. Prestan servicio al planeta, a los árboles, a los ríos y lagos, a los animales, a los ángeles.

Todos ellos hablan y nos desafían a volvernos inmortales. Ninguno de ellos dijo que no hay vida después de la muerte. Su tema principal era instarnos a prepararnos para la inmortalidad. Cuando le preguntaron a Cristo: «¿Cómo podemos alcanzar la inmortalidad?» (que simbólicamente era el Reino de Dios), Él dijo: «Podéis tomar el Reino de Dios, o la inmortalidad, por la violencia». ¿Qué es la violencia? La violencia es trabajo duro y esfuerzo.

Estudia, medita, trabaja, sacrifícate, esfuérzate. Vas a trabajar para cambiarte a ti mismo. A menos que trabajes y te cambies a ti mismo, vas a ser como una hoja seca que el viento se llevará.

¿Alguna vez te has parado a pensar qué te va a pasar después de morir? Quizá pienses que hay ángeles esperando para guiarte como a una reina o un rey al cielo. ¡Tú solo sueñas con ello! ¡Nadie te está esperando!

---

10. Véase *Psique y Psiquismo.*

Piensa en lo que te va a pasar después de morir. Prepárate y busca.

Conocí a un hombre que era muy rico y poderoso. Un día, de repente, vino a la escuela. Yo era el director de la escuela. El hombre dijo: «Vine a abrazarte, a besarte y a despedirme de ti. Durante cincuenta y cinco años trabajé por mi cuerpo, por mi dinero, para construir, vender, comerciar. Estoy con mujeres, con esto, con aquello, pero de repente recordé que muy pronto voy a morir. Voy a prepararme».

Dije: «¡De verdad!». Él dijo: «Sí, voy a una cueva en las montañas. Si quieres visitarla alguna vez, me parecerá bien». Me emocioné mucho porque lo amaba mucho. También era un gran Maestro.

Desapareció. Cuatro años después dije: «Sabes, me gustaría visitar a ese hombre». Conseguí un caballo y cabalgué y cabalgué. Lo encontré viviendo en una cueva. Toda la cueva estaba iluminada. Le dije: «Maestro, ¿qué es esta luz?». «No lo sé», dijo. Muchos años después falleció. No supimos nada más de él.

No te estoy diciendo que dejes tus cuentas bancarias, tus propiedades y tus negocios para trabajar por tu salvación. Tú haz lo que quieras, pero esto es lo que hizo mi Maestro.

La mayoría de los miembros de la Jerarquía nacieron de vírgenes. ¿Es esto una alucinación? ¿Puede una Virgen dar a luz un niño? Un día, una amiga mía se iba a casar. Alguien vino a llevarme a la boda para que pudiera bendecir su matrimonio. Mientras viajábamos, el conductor dijo: «Tengo una pregunta que sé que no podrás responder». Preguntó: «¿Tienes pruebas de que Cristo nació de una Virgen?».

Respondí: «En primer lugar, no importa, pero tengo una pregunta para ti. Si respondes a mi pregunta, responderé a la tuya». Él dijo: «¿De qué se trata?». «Bueno», dije, «supongamos que tienes dos dioses. Un dios es capaz de hacer que una Virgen tenga un hijo. El otro dios no es capaz de hacer que una Virgen tenga un hijo. ¿A qué dios adorarías?».

«Bueno», dijo, «no preguntes más. Me has convencido». Se quedó atascado. Si hubiera dicho, por ejemplo, que Dios no puede hacer nada, habría contradicho su idea sobre Dios.

«¿Lo ves?», dije, «Dios puede hacer cualquier cosa».

¿No es eso hermoso? La mayoría de los Grandes Seres nacieron de niñas Vírgenes. No podría ser de otra manera, porque el cuerpo de la madre debe ser muy puro. No es posible que un Iniciado y Maestro de muy alto nivel nazca de una mujer que ha estado con trescientos hombres. Físicamente, emocionalmente y mentalmente, es imposible. Por eso es tan importante la pureza.

Todos los Grandes Seres pasaron por intensos sufrimientos. La mayoría de ellos fueron crucificados, apedreados, asesinados, enterrados vivos o les cortaron la cabeza y las manos. Ésta fue la reacción del público ante su belleza y pureza, que la Humanidad no pudo digerir ni aceptar.

Es muy interesante que todos ellos enfatizaron dos cosas: el perdón y el amor absoluto, no la venganza y el odio, la ira y la destrucción. Ninguno de ellos dijo eso. Todas sus acciones estaban motivadas por el amor, la gratitud y el perdón.

Hubo muchos nombres de Grandes Seres nacidos de Vírgenes. Isis de Egipto nació de una Virgen. Está en los libros. Tenemos a Cristo en Belén; Krishna, lo mismo. Están Maeletta, Tamus, Mercurio, Esopolus, Basshus, Hércules, Pisceus, Dionisio, Mitra, Zoroastro, Buda, Confucio, Lao-Tsé, Hiawatha, Dekanawidah, Canus en Asiria, Astrad en Siria. Todos nacieron de Vírgenes. Cuando estuve en Asia me dijeron que incluso muchas madres de Maestros Sufíes nunca se casaron.

Todos estos Seres Superiores, santos y grandes Maestros provienen de todas las religiones y de todos los sectores del esfuerzo humano. Los Maestros a veces son grandes políticos, grandes reyes, grandes presidentes y educadores, no sólo personas religiosas.

Son grandes filósofos. Por ejemplo, en Inglaterra se nos dice que hay dos grandes Maestros que son filósofos. En Norteamérica tenemos dos grandes Seres que trabajan en el plano mental inspirando al público norteamericano con algún tipo de pensamiento filosófico, místico. Tú puedes ver los resultados de lo que está sucediendo.

También tenemos grandes Maestros del arte. El Gran Sabio, hablando de la Jerarquía, dice: «Si un día tienes la disposición de visitar nuestro Ashram, verás las grandes obras de arte, la investigación científica, etc.». Supongamos que he creado una escultura, una obra maestra muy hermosa, que ahora está en la Jerarquía. Mil años después, cuando me convierta en Maestro, podría ir a mirarla y decir: «Guau, mira lo que creé en el pasado».

Allí están los grandes pintores. Allí están los grandes científicos. Por ejemplo, antes de que se le dé a la Humanidad cualquier invención científica, se prueba en la Jerarquía. Allí tienen matemáticos y científicos, lo más elevado que la Humanidad puede producir. Ése es nuestro destino. Ése es mi destino. Vamos a ir allí. Ésa es la escuela que conducirá más tarde a la escuela solar.

También son grandes líderes religiosos de todas las religiones. También son grandes financieros. ¡Miren qué hermoso es! ¿Qué son las finanzas y la economía? Es el poder, la habilidad de organizar la energía materializada de tal manera que creemos un paraíso en esta tierra. Si vieras nuestro sistema bancario de hace doscientos años comparado con el de ahora, verías un avance tremendo. ¿Cómo comenzó este avance? Comenzó por la inspiración de la Jerarquía.

Empezó por educar a la gente, por provocar cambios para que la Humanidad avance no sólo en la religión sino también en todas las fases de la vida. Físicamente, debes avanzar. Emocionalmente, mentalmente, espiritualmente, debes avanzar. No sólo debes tener dinero, propiedades y paz mental, sino que también debes ser un científico. Debes orar, ser un artista, ser un líder, entender la política, para que tú, como un diamante, puedas pulir todas las facetas de tu diamante. Así es como podemos llegar a la perfección.

La idea de Jerarquía no es estrecha, es un concepto que lo sintetiza todo.

Un día, alguien dijo: «La Jerarquía no existe». ¿Por qué no? Si existe una Universidad, existe la Jerarquía. ¿Qué es una Universidad? Es una estación para aquellos que terminaron la escuela secundaria. Después de terminar la escuela secundaria, ¿adónde vas si quieres continuar? Vas a la Universidad. Después de terminar la Universidad, ¿adónde vas? ¡Al infierno o al cielo!

Sí, muchos estudiantes universitarios van al infierno, pero algunos de ellos también van al cielo. ¿No es interesante?

Las personas discuten sobre la existencia o no de los Maestros. Las personas no se dan cuenta de que las cosas existen si tú las haces existir. Nada existe antes del momento en que tú las haces existir. Una vez que existen, continúan existiendo.

Algo deja de existir si no logras demostrar su existencia en tus pensamientos, sentimientos y acciones. Mientras exista en tus pensamientos, sentimientos y acciones, nunca dejará de existir.

En realidad, hay cosas que son creadas por poderes superiores, y esas cosas existen porque los poderes superiores las crearon.

Debemos comprender que nada existe si no lo creamos.

Todos los ángeles y monstruos existen porque los creamos. Es importante saber si una creación te hace feliz o infeliz. Algunas creaciones hacen infelices a las personas; otras nos hacen felices, pero la gente debate sobre la existencia o no de tales creaciones.

Las creaciones más fuertes son aquellas que surgen gracias a las multitudes.

Algunas creaciones son mentales, otras emocionales, otras físicas. Algunos sienten sus creaciones mentales, algunos las emocionales, algunos las físicas. Algunas personas hacen que una existencia física tenga una existencia emocional o mental o viceversa.

Las existencias que más felicidad traen al mayor número de personas nunca mueren, pero las personas las atacan y luego fortalecen su existencia. Toda creación necesita creyentes y no creyentes. Así es como se templa una existencia.

Es interesante saber que quienes crean algo son también quienes pueden aniquilarlo. Esto siempre es cierto: uno acaba convirtiéndose en enemigo de sus creaciones si carece del poder de recrearlas una y otra vez o de regenerarlas, de adaptarlas a nuevas condiciones.

Para un bebé, es una tragedia destruir su osito de peluche como algo que no tiene derecho a existir para un adulto.

La mayoría de la Humanidad son niños adultos, especialmente si los ves pelear en los campos de batalla. Su intención es destruir los ositos de peluche de los demás.

Para destruir sus ositos de peluche hay que sustituirlos por juguetes más grandes, juguetes que les den más alegría. La gente intenta destruir cosas que son indestructibles.

Un día un hombre le dijo a mi padre: «¿Por qué amas a ese Jesús que nunca existió?». Mi Padre respondió: «¿Tienes algo mejor en lo que yo pueda creer?». El hombre se quedó en silencio, luego respondió: «Supongo que no», y se fue sin decir una palabra más.

El factor más importante es la discriminación. Hay que crear a través de la discriminación y crear aquellas «realidades» que sean beneficiosas para las personas y las naciones.

Los descubrimientos no son creaciones. Son procesos de redescubrimiento de cosas que existían en el pasado.

Las personas piensan que Dios creó todo lo que existe. Él creó sólo a aquellos que podían crear. Todo lo que existe es creado por sus criaturas. Se piensa que Dios es Creador, Sustentador y Destructor. Todo esto es cierto, excepto que Él fue creado por el hombre cuando el hombre necesitaba tener un Creador.

Antes de que existiera el hombre o los seres inteligentes, ¿quién podía saber de la existencia de Dios? Por eso decimos que los dioses eran hombres, y los hombres quisieron tener a Dios y crearon a Dios dentro de sí mismos.

Todas las estrellas son hombres convertidos en dioses.

Los Maestros son aquellos Seres que se crearon a Sí mismos, y por haberse creado a Sí mismos no pueden dejar de existir. Nos conviene aceptar Su existencia, aprender a recrearnos y convertirnos en Maestros.

Es interesante que algunos grandes seres sean creados por Existencias muy evolucionadas. Estos grandes seres viven, actúan y hacen cosas totalmente por control remoto de estas Existencias altamente evolucionadas.

El significado es simple. Cualquier forma creada para el beneficio de todos se convierte continuamente en una fuente de bendiciones. Cualquier forma creada a partir del egoísmo o de intereses separatistas se convierte en una fuente de dolor y sufrimiento para la Humanidad durante mucho tiempo.

¿Por qué rechazar a los Maestros si son la manifestación de la Belleza, la Bondad, la Rectitud, la Alegría, la Libertad, la sabiduría y el poder? ¿Existe una forma mejor que los Maestros, que son tan reales como tu alma? Atacar a los Maestros crea un mundo sin principios, sin propósito, sin visión. No los rechaces, sino que busca más sobre Ellos y esfuérzate por ser como Ellos.

* * *

Pregunta: *¿Estos Grandes Seres crean la visión de Su nacimiento?*

Respuesta: Tú, yo y mucha gente vivimos en el concepto del tiempo. El tiempo es un factor limitante en nuestras mentes. Para los Seres Superiores, no hay principio, no hay fin, no hay tiempo. Viven en la atemporalidad. Así que, para Ellos, el futuro, el pasado y el presente son lo mismo, pero en nuestra mente no podemos entender este concepto porque nuestro cerebro limita nuestra comprensión.

Son su propia visión. Son su propio pasado. Son su propio futuro. El huevo y la gallina: ¿qué fue primero?

Tienen tres labores principales:

1. El primer trabajo es hacer que la Humanidad avance por el camino de la perfección. Ése es el trabajo principal. Quieren que todos, de todas las razas y religiones, avancen, se transformen, se transfiguren hasta convertirse en amor, luz y energía.

Somos una gran energía en este pequeño cuerpo. Cuando desarrollamos nuestro lado energético, el pequeño cuerpo irradiará toda esa pureza, belleza y creatividad. Debemos alcanzar esa etapa. Todos los Grandes Seres de todas las religiones, los ángeles y los profetas nos muestran que esto es posible. «Mira, lo hice», dicen.

Un día leí y releí tanto el *Nuevo Testamento* que dije: «No quiero leerlo más». Estaba en el bosque donde vivía solo. No sabía a dónde ir. De repente abrí el pequeño *Nuevo Testamento* que mi madre me había puesto en el bolsillo. Puse el dedo en un pasaje y leí lo que dijo Cristo: «Sé valiente, yo he vencido al mundo». «Oh», dije, «sabes, no puedo dejarte solo. Debo leerte de nuevo».

Sé valiente. El trabajo de los Grandes Seres es crear en ti valor para que llegues a casa y digas: «Sabes, no quiero quedarme como estoy». Una vez que empiezas a no gustarte a ti mismo, estás pisando el camino de la perfección. Pero si estás satisfecho con tus piernas, tu cabello y piensas que todo es hermoso, vas a ser un lago estancado, nada más.

Vas a dejar atrás tu imagen y buscar una nueva imagen[11]. Así es como avanzas.

2. ***El segundo trabajo de la Jerarquía es preparar a sus miembros para el servicio Solar.*** El servicio planetario es su principal labor, pero para el trabajo Solar, se nos dice, reciben un entrenamiento especial. Trabajan con los Rayos mayores y, con Su sabiduría y poder, purifican el espacio tanto como les es posible.

3. ***Su tercer trabajo es penetrar más allá del sistema solar*** y crear canales de comunicación entre las estrellas y galaxias avanzadas y nuestro planeta, para que no nos sintamos huérfanos en el espacio.

La Jerarquía está activa en muchos planos, incluido nuestro plano físico. Quieren que vivamos con las leyes y principios de la Jerarquía que se dan en todas las religiones, en toda la educación, en la verdadera filosofía. Cuando vivamos de acuerdo con estas leyes –las Leyes de la Luz, el Amor y la Belleza– el Reino de Dios se exteriorizará en el mundo y la Humanidad vivirá en salud, felicidad, prosperidad y luz. Ese es el objetivo de la Jerarquía para nuestra Humanidad.

* * *

Pregunta: *¿Dónde están ubicados los miembros de la Jerarquía?*

Respuesta: Dondequiera que tengas contacto con Ellos, Ellos están allí. Para nosotros, pensamos en términos de ubicación. Ellos hablan acerca del espacio como Su hogar porque están en comunicación inmediata. Es-

11. Véase *El Misterio de la Autoimagen.*

tán entre sí incluso si trabajan en diferentes lugares de la Tierra. Pueden verse y escucharse en cualquier momento, en cualquier lugar.

La conciencia de los Adeptos Superiores no tiene localización. Este es un concepto importante. Su conciencia funciona en todos los planos del Plano Físico Cósmico, como si Ellos fueran los planos. La no-localidad es la característica de Su conciencia. Pueden vivir en el plano físico, pero actuar en el Plano Intuicional. Siempre están en contacto entre sí en todos los planos.

Un Adepto sabe lo que está haciendo su discípulo en cualquier momento, cuando el discípulo piensa en Él o cuando la mente del discípulo le da un aviso.

El espacio y el tiempo desaparecen ante una conciencia en desarrollo, y la conciencia se funde con la conciencia. La conciencia todavía tiene limitaciones en el tiempo y el espacio, pero la conciencia está más allá de eso porque es propiedad de la intuición y está más allá.

La Ley de la Jerarquía

Parece que la Ley de la Jerarquía es la Ley de la Escalera. La ascensión en una escala gradual conduce al Altísimo. Cada paso depende de los pasos anteriores y se extiende a los pasos superiores.

Un grado recibe de arriba y pasa a abajo, recibiendo potenciales superiores y transmitiéndolos a los grados inferiores. Así, a medida que uno va subiendo en la escalera, proporciona energía más poderosa a los escalones inferiores. Por supuesto, a medida que la energía desciende a escalones cada vez más bajos, es asimilada y cualificada por los escalones anteriores.

Cada uno de nosotros está en una escalera. Avanzamos hacia arriba. Tiramos hacia arriba a quienes están en los escalones más bajos. Cada vez que avanzamos, manifestamos una tremenda inventiva y creatividad hacia los niveles inferiores. Así, la vida continúa recibiendo de los escalones superiores y transmitiendo a los escalones más básicos, unidos entre sí por la Ley de la Jerarquía.

En cada peldaño de la escalera hay algún tipo de creatividad que emana del peldaño superior. Cada peldaño tiene características diferentes, diferentes formas de traducción de la Voluntad Superior, pero es importante ver en el fenómeno de la vida el funcionamiento de la Ley de la Jerarquía en todos estos peldaños.

Cada reino, cada especie está en su propio paso específico pero conectados entre sí, interrelacionados, difundiendo en su propio nivel el impulso más elevado recibido desde el nivel más elevado.

Toda esta vida está interrelacionada de una manera ordenada de la cual todos nos beneficiamos.

¿Qué sucede con esos eslabones de la cadena de la Jerarquía que están llenos de separatismo, espejismos e ilusiones? ¿Forman ellos la escalera de la Jerarquía? Su esencia opera por la misma ley, pero su personalidad no. Por eso la personalidad perece pronto, si la conciencia transformada no controla a la personalidad. El karma ayuda en este proceso.

Cada alma que avanza en la escalera es un ejemplo para el nivel inferior de cómo proceder. A veces sus ejemplos de olvido de sí mismos, inofensividad y lenguaje correcto son escalones estables para los pies de quienes los siguen.

A veces sus virtudes son lámparas en el camino de los seguidores. A veces su naturaleza de sacrificio es una gran inspiración para quienes luchan en los niveles inferiores.

Toda la cadena de la evolución avanza unida por la Ley de la Jerarquía. Quienes ejercen el egoísmo, el separatismo y el totalitarismo son cadáveres en la escala de la evolución y tarde o temprano se enfrentan a su destino.

La Ley de la Jerarquía es la ley del futuro, de la esperanza, del esfuerzo. Una vez que una persona se da cuenta de que está al corriente de la Ley de la Jerarquía, no hay pérdida de tiempo para ella. Poco a poco moviliza esos poderes que la elevan y la colocan en el peldaño correcto de la cadena. Una vez que su conciencia acepta que está en la cadena, vive una vida responsable para recibir de lo superior y transmitir a lo inferior la esencia más pura de lo que recibe.

En la Ley de la Jerarquía, el hombre pierde la voluntad de su cuerpo, emociones y mente, ilusiones, espejismos y maya, y comienza a llenarse de la Voluntad Superior que desciende sobre él como una corriente ígnea, creativa y magnética. Ahora está en la corriente y la actualiza en todas sus expresiones.

Muchas personas luchan por encontrar el escalón superior al que aferrarse. Este escalón superior es a menudo un maestro al que buscan. Y una vez que lo encuentran, se convierte en un vínculo entre ellas y un vínculo superior. Si saben cómo tratar con este maestro, sienten consuelo espiritual porque encuentran su lugar en la vida.

En realidad, no son maestros, sino eslabones superiores. Cada maestro es alumno de un eslabón superior. Se nos dice que incluso un Logos Cósmico es alumno de un eslabón superior, y así sucesivamente. Imagínense, somos peregrinos del Infinito. Si tenemos maestros, ellos son la fuente de nuestra vida espiritual. Pero son nuestros maestros en un sentido relativo.

Qué sentimiento de gratitud es tener un maestro. A su vez, te conviertes en un maestro para el eslabón inferior, equipado con todo lo necesario para la transmisión. Entrar conscientemente en la cadena jerárquica y tener la responsabilidad de estar activo allí, es el mayor privilegio que puede tener en la vida.

La Ley de la Jerarquía entra en tu alma y te conduce de regreso hacia el océano abierto de la conciencia Divina.

La Jerarquía en su conjunto es progresiva, porque los miembros responden a los ciclos zodiacales, ciclos solares, ciclos shambálicos y ciclos evolutivos humanos.

Un Maestro es aquel que nunca permanece en el mismo terreno. Siempre está avanzando y expandiéndose. Cada vez que avanza y se expande, rompe una vasta área de cristalizaciones y limitaciones. Esta es la causa del esfuerzo humano hacia nuevos horizontes.

La progresividad de la Jerarquía no es una negación de antiguas presentaciones de sabiduría, sino una búsqueda de nuevos aspectos de la conciencia y una traducción de viejas formulaciones en nuevas relaciones, nuevos puntos de vista, que incluyen un mayor territorio en la conciencia.

Los Maestros siguen el reloj Cósmico e intentan encontrar oportunidades para ayudarnos. Cada vez que la manecilla del reloj avanza, Ellos dan nuevos pasos para estar sincronizados. Los factores obsoletos se dejan atrás para que produzcan karma y se asienten.

No hay un solo objeto en el mundo que Ellos ignoren, y tratan de presentar un objeto de una manera nueva, de acuerdo con nuevos horizontes en expansión. Es por eso que, cuando un grupo u organización está estancado en una «vieja época», los Maestros lo abandonan después de unas pocas advertencias. Esa organización se convierte en un obstáculo para miles de personas durante muchos años.

Si miras los grupos que están en vías de desintegración, comprenderás cómo los Maestros retiraron Su atención y, durante unos cientos de años, estos grupos se convirtieron en obstáculos en el camino del avance. No sólo retiraron Su atención de las iglesias y otras organizaciones, sino también de las religiones, porque lo más difícil para una religión es el cambio. Tenemos tantas religiones en vías de decadencia con consecuencias sociales.

Los Maestros pueden ayudar a construir nuevos grupos y nuevas organizaciones si cuentan con personas que se mantengan en sintonía con la Jerarquía.

La Jerarquía es una luz que avanza, ya sea que la Humanidad avance o no. Hacen lo mejor que pueden para ayudar a la Humanidad, pero si su ayuda no es asimilada, dejan a la Humanidad sola, lo cual es el mayor desastre para la Humanidad.

A veces, tienen una dificultad extrema para presentarse a la Humanidad y presentar Sus instrucciones, debido a las limitaciones de Sus mediadores y discípulos. Les resulta muy difícil encontrar a aquellas personas que transmitan fielmente Su Enseñanza en pureza, sin mezclarla con sus ilusiones, espejismos, hábitos, opiniones personales o diversas debilidades.

A veces corren un gran riesgo al elegir un mediador. Si el mediador les ha servido en algunas encarnaciones y si se mantiene al ritmo del progreso de la Jerarquía, eligen a esa persona para un servicio. Es un honor y una gran gloria, prepararse a uno mismo o a los hijos para un futuro servicio jerárquico.

Buscan compañeros de trabajo en todo el mundo y aprovechan cada oportunidad para guiar a la Humanidad, pero a veces quedan muy decepcionados de aquellos que les sirven.

No pasa un solo día sin que Ellos expandan Su conciencia hacia nuevos horizontes. Muchas veces en la historia Ellos caminaron entre los hombres, pero la Humanidad no apreció tal honor. Ellos volverán para mostrarnos el camino del logro futuro. Esperamos que muchos sean receptivos a Ellos.

La leyenda también dice que la mayoría de Ellos viven en un lugar cercano al Himalaya. Algunos de Ellos viven en diferentes lugares, como Oriente Medio, Inglaterra, Francia, Estados Unidos, Rusia, Brasil, Armenia y otros lugares. Viajan o trabajan en el mismo lugar. Sus discípulos no necesitan estar con ellos en el mismo lugar. Se ponen en contacto con ellos y los ven si es necesario.

La mayoría de ellos viven con su conciencia en el plano intuitivo, donde no hay tiempo, ni espacio, ni ubicación. A medida que expandimos nuestra conciencia, estaremos con ellos para siempre.

* * *

Pregunta: *¿Tienen algún nombre además de la Jerarquía?*

Respuesta: Sí. También se les llama Cristo y los Discípulos Triunfantes. Aquellos que conquistan el «mundo» van hacia Ellos.

Pregunta: *¿Qué hacen?*

Respuesta: Ellos atienden todas las necesidades de la Humanidad en todos los niveles. Uno de ellos escribió una carta a alguien y dijo: «Trabajamos tanto que a veces nuestro sudor cae como gotas de sangre». El presidente de una gran nación es la persona más ocupada y responsable. El trabajo de un Maestro supera al trabajo de un presidente un millón de veces.

La Ley de la Jerarquía es el avance progresivo hacia el Imán Cósmico a través de puentes asociados. La Ley de la Jerarquía es proporcionar los vínculos progresivos que conducen a lo más alto, y cada vínculo sigue la voluntad de quien se encuentra en un nivel superior.

La jerarquía está basada en la Ley de Sucesión. La Ley de la Jerarquía es el recuerdo de los líderes y el cumplimiento de sus visiones.

Todo organismo o trabajo se funda en la Ley de la Jerarquía, en la Ley de Sucesión.

La Jerarquía es una cadena de almas iluminadas, con luces sucesivamente más altas y mayores, cuya cúspide llega al Altísimo.

La Jerarquía es una escalera por cuyos peldaños transitan las almas elegidas hacia el destino de la vida. Sin este puente de Luz nadie puede descubrir su Fuente. Toda persona iluminada y realizada forma parte de uno de los muchos eslabones, y él mismo se convierte en parte del camino de la Jerarquía.

El principio de sucesión guía este camino: los más avanzados e iluminados guían a los que se quedan atrás.

Siempre hay una ubicación para una persona en la cadena de la Jerarquía; esa ubicación o condición se utiliza para aspirar a los eslabones superiores.

Cada movimiento hacia el eslabón superior brinda a los discípulos menores la oportunidad de avanzar en la cadena. La vida en todos los eslabones de la cadena avanza como una corriente de luz.

Toda la historia del logro se desarrolla en la cadena de la Jerarquía. Ningún movimiento puede tener éxito en la vida si no se basa en los cimientos y la visión de la Jerarquía. Es la Ley de la Jerarquía la que crea integridad, alineación, inspiración, esfuerzo, armonía, cooperación y una visión cada vez más profunda en los corazones de quienes forman parte del movimiento. Es por eso que los Sabios nunca se dedicaron a ninguna labor sin antes invocar el nombre de la Jerarquía.

La Jerarquía se denomina «el Gran Servicio». Nadie puede ser en realidad parte de la Jerarquía a menos que tenga una larga historia de servicio a lo largo de sus muchas encarnaciones. Cada célula del cuerpo de la Jerarquía es una fuente radiactiva de servicio en su propio nivel y campo de trabajo.

Cada servicio es un esfuerzo por preparar a las personas para que entren en los vínculos de la Jerarquía y avancen hacia lo Más Elevado. La Fuente creativa hacia la que aspira toda la Jerarquía se siente y se comprende a medida que los miembros de la Jerarquía avanzan.

Cada sistema tiene su propia Jerarquía, en el nivel en el que ese sistema existe, pero todas las cadenas de las Jerarquías se vinculan entre sí a través de su propio Jerarca: el sol que se esfuerza en su propio sistema.

Cada eslabón de la Jerarquía y cada cadena de las Jerarquías revelan cargas provenientes de la Fuente creadora única, de acuerdo con la intensidad de su esfuerzo. Es el haz de esfuerzo el que se convierte en una red conductora para las cargas provenientes de la Fuente creadora. Esto es cierto para cada grupo que se inspira en la Jerarquía. Su fuerza es igual a su esfuerzo armonioso.

El ingreso en las filas de la Jerarquía desarrolla en nosotros la capacidad de contactar con el vínculo superior. Sin ese contacto, no podemos tener dirección. Es la dirección correcta la que nos permite tomar decisiones correctas. Con cada decisión correcta, nos capacitamos para asimilar los Fuegos del Espacio y llenar nuestro Cáliz con los Tesoros del Espacio. Por lo tanto, enseñen la Enseñanza del Fuego.

A través de la comprensión de la Ley de la Jerarquía, comenzamos a cumplir con la Voluntad Superior. Toda persona, todo grupo, toda nación que no siguió la Voluntad Superior comenzó a desintegrarse. Es el cumplimiento de la Voluntad Superior lo que mantiene a las unidades vivientes integradas y en movimiento hacia lo Más Alto.

Las actividades constructivas son imposibles sin la cooperación con la Jerarquía. En la Existencia se está llevando a cabo un poderoso proceso constructivo. Para participar en el poder de la construcción, uno debe descubrir la cadena de la Jerarquía. Así es como uno puede convertirse en un constructor. Un constructor es un colaborador de la Jerarquía y en cada acto de construcción manifiesta la voluntad del eslabón superior.

Los maestros no pueden vengarse. Cuando uno se convierte en Arhat, hace un voto de no dañar a ningún ser sintiente, de no vengarse. Cambian de hábitat con frecuencia si viven en ciudades para que la gente no los moleste, no muestre su animosidad hacia ellos y genere reacciones.

Aunque son inofensivos, la Ley los protege en gran medida. Si alguien les envía malos pensamientos, sentimientos o acciones, las ondas de tales actitudes van y golpean Su aura y regresan al remitente con mayor intensidad.

La Ley actúa en quienes tienen auras puras y la reacción es automática. Por eso advierten a la gente que no realicen acciones perjudiciales contra Ellos, porque están protegidos por la Ley.

Sin embargo, las personas los persiguen, ignorando las consecuencias. Incluso los matan y los queman, pero con el tiempo llega el maremoto y destruye por completo sus cimientos. Incluso las naciones a veces caen en tal destrucción al herir a Quienes están dedicados a lo más elevado.

La Mano que guía,
la Mano que eleva,
la Mano que indica,
la que revela el camino
de la Ley Suprema.

XII

CREATIVIDAD Y JERARQUÍA

Las personas creativas pasan de una fase de creatividad a otras más avanzadas. Todo acto de creatividad está asociado con la alegría. Toda persona sencilla, promedio y creativa expresa sus emociones, sus observaciones, sus pensamientos de una manera artística que se convierte en un atractivo para muchos[12].

Esta fase se desvanece lentamente y comienza a crear para el público. Su inspiración proviene del sufrimiento, el dolor, la alegría y el esfuerzo del público. Este tipo de creatividad tiene un gran poder y perdura en el tiempo.

Finalmente, la persona creativa ve la visión y su creatividad es inspirada por la Jerarquía y por el Plan. Para ello, toda su creatividad fue una preparación para que, con el tiempo, pudiera mantener su conciencia lo suficientemente elevada como para tocar la inspiración de la Jerarquía y formularla adecuadamente en verdad y belleza.

Por supuesto, esta fase dura muchas vidas, y la persona creativa madura en sus esfuerzos y se convierte totalmente en un transmisor de expresiones jerárquicas. No

12. Ver *El Fuego Creador*, cap. 55.

tiene nada que ofrecer de sí misma. En realidad, su yo ha desaparecido. Se ha convertido en un puro transmisor de expresiones jerárquicas.

En las próximas décadas aparecerán grandes obras maestras de quienes han consagrado su vida durante siglos a la creatividad jerárquica. Su inteligencia, amor, sabiduría y poder estarán presentes en cada creatividad y la gente percibirá la belleza de sus obras.

Estos tipos de creatividad crearán un alto nivel de exigencia y, poco a poco, las obras que se basaban en el interés personal, la vanidad, el ego, la separación y la codicia desaparecerán. Este tipo de arte perderá su fundamento y los artistas se verán obligados a buscar fuentes de inspiración más elevadas.

Cuanto más aumente el número de personas jerárquicamente creativas, más se transformará el mundo.

Para tener éxito en la creatividad jerárquica, es necesario destruir muchas formas antiguas en los planos mental, emocional y etérico. Por eso, esperamos que aparezcan destructores creativos en el campo del arte y hagan su trabajo.

Esto se puede hacer de dos maneras: los artistas muy críticos expondrán la inutilidad del arte antiguo, el arte obsoleto basado en el cuerpo, el sexo, la personalidad e incluso en la individualidad; o los artistas vendrán con tal potencia de luz y gloria que el arte promedio desaparecerá lentamente.

En el proceso creativo, vemos que la creatividad comienza con el individuo. Lentamente, el individuo opera como un grupo pequeño, luego como un grupo más grande. Cuando uno alcanza el nivel de creatividad jerárquica, el individuo es asimilado a un grupo creativo avanzado, a un Ashram donde todos están comprometidos con el trabajo creativo grupal. Es por eso que este trabajo grupal está cargado de gran poder y por eso pueden mover montañas. Muchos puntos de vista, muchos ángulos, muchos talentos se sintetizan juntos para crear y expresar la intención jerárquica o divina.

Los creadores Jerárquicos ejercitarán toda su velocidad para crear y relacionarse entre sí con el fin de fortalecer las expresiones generales de la inspiración Jerárquica.

Los creadores Jerárquicos tienen otro paso que alcanzar, pero en ese momento serán Arhats cuya vida entera será una zarza ardiente del fuego de la Voluntad de Dios.

Este tipo de arte y de libros pueden aparecer una vez cada siglo pero, como un cometa, dejan su luz durante muchos siglos.

Aproximación a la Idea del Plan

La comprensión del Plan es un proceso gradual, en constante expansión, hasta que se revela el océano del Propósito. Este proceso puede describirse como la entrada a un palacio.

Primero, durante muchos años, el hombre es como una hormiga que viaja de un lado a otro sobre los muros de piedra exteriores. Luego es como un perro que guarda la puerta. Luego, como ser humano, se le permite entrar en el patio exterior. Luego, como neófito, se le da la oportunidad de ver la cocina. Luego, como discípulo comprometido, entra en la sala de almacenamiento de alimentos. Luego, como discípulo que acepta, se le admite en la antecámara del Gran Salón, donde permanece durante muchas encarnaciones. Luego, como discípulo aceptado, entra en el Gran Salón.

Como iniciado de primer grado, ve la puerta. Como iniciado de segundo grado, se le permite ver la biblioteca. Como Iniciado de Tercer Grado, se le da la oportunidad de ver a través de la ventana la Corona y el Trono. Como Iniciado de Cuarto Grado, se le permite ver el Trono. Como Iniciado de Quinto Grado, se le permite ver el Trono y la Corona. Aquí se revela a su conciencia el Plan completo del Trono y la Corona y todos los deberes y responsabilidades del Plan asociados con ellos.

¿Quiénes son los miembros de la Jerarquía? Son Grandes Seres que superaron la evolución humana.

¿Qué es el Plan? El Plan se basa en el proceso de perfección. «Sed perfectos como vuestro Padre Celestial es perfecto». El Plan es el procedimiento para hacernos alcanzar esa perfección.

XIII

DOCE MANERAS DE SERVIR A LA JERARQUÍA

Es muy importante participar en el servicio de la Jerarquía a través de las siguientes doce maneras:

- Desarrollando y practicando la compasión y la inofensividad.
- Disipando el miedo.
- Enfatizando la inmortalidad del alma humana.
- Creando relaciones humanas adecuadas.
- Abandonando la codicia y la competencia.
- Difundiendo las Enseñanzas de la Sabiduría Eterna.
- Hablando y escribiendo sobre la libertad y la tolerancia.
- Enfatizando una Humanidad.
- Dedicando nuestra vida a la belleza y rechazando la fealdad.
- Trabajando por la purificación del planeta.
- Dispersando la superstición y los prejuicios.
- Viviendo para la realidad.

1. ***Desarrollando y practicando la compasión y la inocuidad.*** La Jerarquía defiende la compasión y la inocuidad. Intentar vivir una vida de compasión e inocuidad les ayuda a tener éxito en sus esfuerzos por dispersar el odio y el separatismo. Todo esfuerzo por aumentar la compasión y la inocuidad en cualquier área del trabajo humano es una fuente de energía para sus esfuerzos.

Todas estas gotas de compasión se acumulan y se convierten en aparatos en manos de la Jerarquía para traer a la tierra todas las influencias curativas de la compasión.

2. ***Disipando el miedo.*** Muy pronto se formarán grupos para disipar toda forma de miedo porque el miedo distorsiona la realidad y canaliza las fuerzas oscuras hacia actividades destructivas.

Cada vez que una persona disipa el miedo de otra persona, grupo o nación, le hace un gran servicio a la Humanidad. Tal actividad limpia las líneas de comunicación entre la Jerarquía y la Humanidad.

Mientras el miedo permanezca en la psiquis de las personas, no podrán recibir la inspiración de la Jerarquía ni podrán seguir Sus instrucciones. En la medida en que nos deshagamos del miedo, en esa misma medida cooperaremos con los esfuerzos de la Jerarquía.

Debemos conocer la naturaleza del miedo y atacarlo con inteligencia, sabiduría y valentía. Éste es un servicio que nos acerca al corazón de la Jerarquía.

3. ***Enfatizando la inmortalidad del alma humana.*** La Jerarquía, con todos sus grandes líderes a través de los tiempos, ha tratado de iluminar la conciencia de las masas con el hecho de que los seres humanos sobreviven más allá de la tumba. Pero varios agentes a lo largo de la historia sólo hablaron de la muerte. Dijeron que sólo

existe la materia y que la existencia de un hombre termina con su muerte.

Todos los discípulos deben movilizarse y luchar contra este concepto de muerte con las armas de sus experiencias de inmortalidad, con la ciencia, la psicología, la filosofía y la Sabiduría Eterna, y disipar esta ilusión de muerte. Aquellos que intentan de cualquier manera llevar a la Humanidad la esperanza, el conocimiento y la alegría de la inmortalidad están cooperando con la Jerarquía.

Los discípulos saben intuitivamente que la muerte no existe. Deben hablar y escribir sobre este hecho y producir grandes obras de arte que promuevan la inmortalidad del alma y su glorioso destino. Deben dedicarse grupos especiales a realizar dicha labor y a iluminar creativamente a la Humanidad con hechos, experiencias y sabiduría, dispersando la oscura existencia de la muerte de la conciencia de la Humanidad.

4. Creando relaciones humanas correctas. Éste es un servicio sumamente bendecido para la Jerarquía. En el Plan de la Jerarquía, esto es una prioridad. Hay un llamado a toda la Humanidad a desarrollar y actualizar relaciones humanas correctas en los hogares, en los grupos, en las sociedades, en las naciones, en todas las formas posibles. Ese servicio será un bote salvavidas para la Humanidad que la salvará de la destrucción final.

Las relaciones humanas correctas deben analizarse científicamente, filosóficamente y psicológicamente, desde los puntos de vista de los negocios y la ciencia, desde el punto de vista de la política internacional, desde los puntos de vista de la armonía y la cooperación, desde los puntos de vista de la salud y la felicidad. Deben formarse grupos para llevar a cabo esa tarea de manera inteligente, sacrificada y práctica para ayudar a la Humanidad a ver el valor de las relaciones humanas correctas en todos los aspectos de la vida.

5. ***Abandonando la codicia y la competencia.*** La Jerarquía quiere que la Humanidad sepa que la codicia y la competencia robaron los recursos naturales del planeta y que gradualmente enfrentaremos las consecuencias de la codicia y la competencia.

La codicia y la competencia nos llevan a las revoluciones, a las guerras, a la destrucción.

En el futuro estos hechos serán claramente visibles y los discípulos en todos los campos iluminarán a la gente para que no siga el camino destructivo de la codicia y la competencia.

Aquellos que en la vida intentan ayudar a la gente a ver los peligros de la codicia y la competencia son servidores de la Jerarquía. Están trabajando bajo Su influencia para ayudar a la Jerarquía a dispersar ese mal que impide a la Humanidad alcanzar grandes cotas de salud, felicidad y éxito.

Cada vez que la codicia y la competencia te tiente, ¡detenlas! De esa manera cooperas con la Jerarquía.

6. ***Difundiendo la Enseñanza de la Sabiduría Eterna***[13]. En todas las épocas, la Jerarquía ha enviado Grandes Seres para enseñar a la Humanidad principios superiores, leyes superiores, para establecer estándares más elevados, para dar visión y conocimiento.

Toda la sinfonía de Sus principios, leyes, normas, visiones y conocimientos se combinan y se denominan la Sabiduría Eterna, que contiene las más altas virtudes y el mayor bien para la Humanidad.

13. Ver *La Sabiduría Eterna.*

Intenta encontrar esta Enseñanza y difundirla en el mundo. Ayuda a quienes se dedican a esta tarea. Escribe libros sobre estos grandes principios y leyes universales. Habla de ellos.

Pon estos principios en práctica en las artes. Ponlos a disposición de los grupos y de las masas. Lee acerca de la Sabiduría Eterna y conoce la Enseñanza para que no malgastes tu dinero y tiempo en placeres baratos. Ayuda a distribuir la Sabiduría Eterna para iluminar las almas de los hombres. Cada vez que ayudes a otros a conocer y practicar la Sabiduría Eterna, construirás el palacio del futuro para tí y tus seres queridos.

La Sabiduría Eterna no es religión, pero la incluye. Es para todos, como el aire, como el agua, como la luz del sol. Distribuye su luz a tus seres más cercanos, a todos aquellos que están en la esclavitud de la oscuridad.

Éste es un gran servicio que puedes prestar a la Jerarquía. Ellos verán tu labor y en el momento oportuno se pondrán en contacto contigo para que realices una labor más audaz.

*7. **Hablando y escribiendo sobre la verdadera libertad.*** La Jerarquía hace un esfuerzo tremendo para enseñar a la Humanidad a ser libre.

La Jerarquía condena la esclavitud, en cualquier forma que sea. Aquellos que trabajen por la libertad serán llamados Caballeros del Señor. Habla y escribe sobre la libertad. Trata de liberar a las personas de la esclavitud física, emocional, mental e incluso espiritual. Tu deber es romper los barrotes de la prisión de la mente, el corazón y la vida humana y liberar a los prisioneros.

Habla sobre la belleza de la libertad. Dile a la gente que no existe un estado de conciencia tan glorioso como el estado de conciencia que se encuentra en la luz de la libertad.

En tu vida diaria, intenta liberar a las personas. Puedes incluso ejercitar el arte de la libertad en tu hogar, en tu oficina, en cualquier contacto social, actuando con inteligencia, sabiduría, humildad y valentía. Hay una enorme cantidad de posibilidades que uno puede hacer.

Se puede hablar de libertad sin utilizar técnicas agresivas, sin imposiciones, sino a través de la sabiduría de la libertad realizada. Libertad y tolerancia son los dos pilares por los que pasan los Iniciados al Templo de la Jerarquía.

Los que son libres y los que son tolerantes verán al Señor en su santuario más íntimo y se sentarán con Él en la Mesa de la Sabiduría.

8. ***Enfatizando la Humanidad única.*** La Jerarquía respeta a todas las naciones y aprecia sus costumbres y características especiales, pero indica que todas las naciones son la corriente de la Fuente Única y se elevan hacia la misma Fuente. Todas las naciones deben tener su independencia y libertad, pero deben cooperar entre sí por el Bien Común. Con el tiempo, la gente sentirá que el mundo es su hogar y que todos somos hermanos y hermanas.

Un día, la animosidad entre las naciones desaparecerá y se establecerá una cooperación profunda. La Humanidad ahorrará mucha energía, tiempo, dinero y vidas en la construcción de la forma real de una sola Humanidad. Las personas serán consideradas entre sí. La enorme expansión de los ejércitos y la policía será mínima. Los negocios florecerán y todos tendrán un lugar donde trabajar. Los viajes serán ilimitados y todos se beneficiarán de la belleza de la naturaleza. La Humanidad será una gran familia.

9. Dedicando nuestra vida a la belleza y rechazando la fealdad. Uno de los esfuerzos de la Jerarquía es estimular el sentido de la belleza en cada división de la vida. Cada belleza evoca una cooperación superior, y las energías liberadas de dicha cooperación enriquecen la vida en todas las capas.

Todo artista que cree belleza será bendecido por el contacto con Fuerzas Superiores: la belleza en nuestros modales, cuerpos, emociones, pensamientos, visiones y metas; la belleza en nuestros hogares, escuelas, oficinas y ambiente; incluso la belleza en los tribunales y prisiones ayudará a elevar la conciencia de la Humanidad. Ésa es la meta de la Jerarquía.

Poco a poco la fealdad no podrá encontrar un lugar donde esconderse y vivir. La nación de almas humanas en transformación rechazará la fealdad como una enfermedad suicida y tomará conciencia de la contaminación.

Cada fealdad trae discordia a nuestra aura, afecta nuestra salud y felicidad y evoca semillas sombrías plantadas dentro de nosotros.

La belleza crea salud mental, emocional y física, porque proporciona una atmósfera de armonía y elevación.

Debemos empezar a confiar en el valor de la belleza en nuestros hijos, en sus formas de expresión y hacer que se sintonicen con la chispa de la belleza. La Jerarquía es la fuente de la Belleza. Su enseñanza es la Belleza. La constitución de la Enseñanza es la encarnación de la Belleza.

10. Trabajando por la purificación del planeta. Esto es imperativo. La mayoría de los seres humanos comprenden la necesidad de purificar sus sistemas. El planeta también necesita un proceso de purificación intensivo.

El planeta está lleno de toxinas y desechos, y la Tierra está contaminada. Esta contaminación está afectando a nuestros cuerpos, relaciones, pensamiento y creatividad. Es necesaria una purificación sistémica. Todos aquellos que han despertado a este problema deben tratar de convertirse en agentes de purificación en su entorno.

La Humanidad se degenerará lentamente. Todas las formas de vida desaparecerán lentamente si continuamos contaminando nuestro medio ambiente y viviendo en él. Toda nuestra cultura y civilización, todos nuestros intereses y nuestro trabajo desaparecerán si la base de la purificación no es sólida y duradera.

No podemos esperar una mayor cultura y civilización mientras vivamos en pozos negros.

La Jerarquía ha estado haciendo todos los esfuerzos posibles para despertar a la Humanidad al grave peligro de la contaminación desde 1900. La Humanidad no fue lo suficientemente sensible para prevenir el peligro de la contaminación, que es en su mayor parte el resultado de la codicia, la competencia y el odio.

Aquellos que limpian el medio ambiente y trabajan internacionalmente para purificar la tierra son los Hijos de la Luz que, con gran sacrificio y nobleza, quieren salvar la vida en el planeta.

11. Disipando la superstición y el prejuicio. El setenta por ciento de la Humanidad vive en la superstición y el prejuicio, lo que significa que el setenta por ciento de la Humanidad no ha expandido su conciencia y vive en ilusiones y espejismos. Esto crea un muro oscuro a través del cual los rayos de la iluminación no pueden penetrar en su ser, y viven y actúan en la oscuridad, afectando la vida de la Humanidad.

El prejuicio y la superstición son formaciones de la ignorancia y, por naturaleza, causan separatismo y toxicidad. Contaminan los hechos y la realidad y los transforman en fealdad. Mientras una persona, un grupo o una nación vivan en la superstición y el prejuicio, impedirán que su conciencia crezca, se expanda y responda a los pasos del progreso evolutivo. De este modo, se convierten en obstáculos en el camino de la Humanidad y crean fricción con aquellas fuerzas que luchan por la liberación de la conciencia y la libertad del espíritu.

La Jerarquía está ansiosa por ver a la gente libre de las ropas andrajosas, obsoletas y sucias de la superstición y el prejuicio, y de pie ante la luz de la realidad. Todo aquel que se convierta en un agente para dispersar el prejuicio y la superstición, sirve no sólo a la Jerarquía sino también a toda la Humanidad. Sus nombres brillarán en los templos de los Mundos Superiores.

12. Viviendo para la realidad. La gente perdió el camino que conducía a la realidad y a menudo se dejó llevar por sus ilusiones, prejuicios, supersticiones, ensoñaciones y espejismos.

El arte empezó a cubrir la realidad y a conducir a la gente a la irrealidad. El deber del arte es revelar la realidad. El camino de la realidad:

- Es descubrir las leyes y principios de la Naturaleza y vivir una vida en consecuencia.
- Conduce a conocerse a uno mismo y vivir de acuerdo con ese conocimiento.
- Es elegir lo más esencial en la vida y vivir para lo más esencial.
- Es la luz que dispersa todas las mentiras, pretensiones, imitaciones, manipulaciones, explotación y

revela aquellos factores que conducen a la salud, la felicidad, el verdadero éxito y la iluminación.

- Revela los hechos, los más esenciales, y los pasos a seguir para actualizarlos en nuestra vida.

La Jerarquía, desde hace mucho tiempo, se ha dedicado a la tarea de revelar lo que está más allá de lo irreal y ayudar a la Humanidad a caminar por el sendero de la realidad. Quienes se apartan del sendero de la realidad pierden la cordura, la salud y el éxito, y se ven obligados a servir a las fuerzas oscuras de la ignorancia, el egoísmo y el separatismo.

El antiguo *Upanishad* decía: «Que podamos ser guiados de lo irreal a lo real».

Esta aspiración profunda, oculta en el corazón humano, debe despertar. De hecho, esta aspiración existe en todos los reinos y se esfuerza por salir a la superficie de la realidad. La realidad es el ser progresivo que toda existencia alcanza en el camino de su desarrollo y progreso. Este es el camino que debe seguir toda forma de vida, el camino de convertirse en el Ser Único.

Hace siglos, la Jerarquía inspiró a la Humanidad a tomar conciencia de las ilusiones, los espejismos, los engaños y las invenciones, y a entrar en el camino de la realidad. Sólo el camino de la realidad asegura alegría y gloria al alma que avanza en el camino del Infinito.

Toda persona, todo grupo, toda nación puede servir a la Jerarquía. Su servicio les ayuda a hacer de la vida en el planeta un logro glorioso con salud, prosperidad, éxito y dicha futura en los Mundos Superiores.

XIV

LOS OJOS DE LA JERARQUÍA

Urusvati, está agradecida a la India y al Tíbet por su protección a la Hermandad. Uno puede estar verdaderamente agradecido de que el concepto de la Hermandad esté tan celosamente cuidado. Usualmente, aún el hablar sobre la Hermandad es desalentado, además que no se mencionan nombres, ya que es mejor aún negar su existencia que traicionarla. Las leyendas acerca de la Hermandad están protegidas, así como protegidos están los libros sagrados.

La curiosidad del Mundo occidental no es entendida en Oriente. Examinemos las razones por las que Occidente quiere saber acerca de la Hermandad. ¿Desea Occidente emular a la Hermandad en su vida diaria? ¿Desea Occidente conservar los Ordenamientos de la Hermandad? ¿Desea Occidente ahondar en su conocimiento? Hasta ahora ellos sólo han mostrado una ociosa curiosidad y están en búsqueda de culpables y de razones para criticar. Nosotros no los vamos a ayudar en este sendero.

Imaginemos una expedición militar que llegue a descubrir a la Hermandad. Fácilmente se podría imaginar el resultado de dicho descubrimiento y las maldiciones y anatemas que vendrían a continuación. Crucifixiones todavía ocurren hoy en día. En consecuencia, Occiden-

te nunca entendió la esencia de Nuestra Jerarquía. El concepto de dictadura no encaja en Nuestra Jerarquía. Nosotros hemos establecido como ley la idea de que el poder yace en el sacrificio. ¿Quién entre los líderes actuales aceptaría este Decreto?

Nosotros entendemos bien la naturaleza de Oriente y debido a esa naturaleza deberían notar más su reverencia por Nuestra Morada. Muchos Ashrams fueron transferidos a los Himalayas, porque la atmósfera de otros sitios se había vuelto intolerable. El último Ashram egipcio fue transferido a los Himalayas debido a los bien conocidos acontecimientos en Egipto y las regiones aledañas. Al comienzo del Armagedón todos los Ashrams tuvieron que ser puestos juntos en la Morada de los Himalayas. Se debería saber que, al momento, Nosotros no abandonamos Nuestra Morada y cuando viajamos a grandes distancias lo hacemos solamente en Nuestros cuerpos sutiles. Así se están revelando los registros de la vida interior de Nuestra Morada.

Supramundano I, párrafo 19
Sociedad de Agni Yoga

Cuando yo era un niño pequeño, uno de mis Maestros me explicó que «se experimenta una gran alegría en el cielo, en los corazones de los Grandes Seres, cuando la gente se reúne en nombre de la Belleza, la Bondad, la Rectitud, la Alegría, la Libertad, el servicio y el esfuerzo, en nombre de la Jerarquía, en nombre de Cristo». Esto se debe a que cuando la gente se reúne en nombre de la Jerarquía o en nombre de Cristo, crea un remolino de energía, y ese remolino de energía atrae la sabiduría de la Jerarquía, Su energía, Su belleza, Sus impresiones e inspiraciones. Al final, cargados con estas energías, las utilizamos para nuestra salud, nuestra felicidad, para nuestro progreso espiritual, incluso en nuestros negocios y en nuestras relaciones. Al final nos convertimos en pequeños, diminutos manantiales de agua fresca para la Humanidad. Así es como se transforman las naciones y la Humanidad.

Las naciones y la Humanidad se transforman solamente por aquellas personas que construyen un vínculo entre la tierra y aquellos que han logrado un gran éxito en su avance espiritual. En el futuro se darán cuenta de que aquellas naciones que son prósperas, que se están convirtiendo en los líderes de la Humanidad, todas tienen discípulos e Iniciados que se vincularon con las Fuentes de Luz, Vida, Amor y Belleza.

Eso es lo que estamos haciendo en cierto sentido. Estamos en esta nación. Estamos sirviendo a esta nación trayendo nuevas inspiraciones, nuevas impresiones, nuevas energías. A través de nuestras relaciones estamos difundiendo estas energías a nuestra nación, a muchos niveles de nuestra nación y a muchos niveles de la Humanidad. Si aumenta el número de personas que han dedicado su vida a la Luz, el Amor, la Belleza, la Bondad, la Rectitud y el esfuerzo, o si aumenta el número de estas personas que tienen conexiones con fuentes superiores, esa nación será poderosa y conducirá al mundo hacia alturas económicas y espirituales.

Cada uno de nosotros puede ser contado a través de nuestro esfuerzo, a través de nuestro enfoque en la Jerarquía. Al hablar sobre la Jerarquía y pensar en la Jerarquía, nos cargamos a nosotros mismos. Después de cargarnos a nosotros mismos, veremos cómo afectará nuestra salud, felicidad, alegría, relaciones familiares, relaciones grupales y nuestras relaciones con nuestra nación y la Humanidad en su conjunto. Una vez al mes, una vez a la semana, una vez al día, incluso una vez a la hora, sus pensamientos deben dirigirse a la Jerarquía. El Gran Sabio dice que: «Eventualmente, aquellas personas que están avanzando en la Humanidad pensarán, sentirán, actuarán en la Presencia de la Jerarquía». Si su conciencia cambia y los lleva a la Presencia de la Jerarquía, verán que son un ser humano inspirado, encendido, ardiente, dedicado, que está difundiendo una nueva luz transformadora en todas partes y en todas las cosas. Esa es su gloria. Su gloria, su progreso dependen de cuánto contribuyan a la transformación humana.

Por ejemplo, pensamos que esta vida planetaria no tiene un capitán, ningún plano, ningún plan. Todo el mundo va y viene y hace lo que quiere. Es un caos. Pero la realidad es que todos, desde el nacimiento hasta la muerte, están vigilados por los Ojos de la Jerarquía. Eso a veces da mucho miedo. Si de repente te das cuenta de que unos grandes «ojos» te están observando y de que cada uno de tus movimientos está registrado en los archivos de la Jerarquía, a veces te asustas. Y a veces sientes que tus mejores acciones, tus mejores deseos, tus mejores sentimientos, tus mejores pensamientos no se han perdido. Están acumulados en los archivos de la Jerarquía.

El mundo para la Jerarquía es un ordenador organizado. En el ordenador, cada uno de nuestros nombres está ahí. Cuando te conviertes en un iniciado de primer grado, tu nombre comienza a parpadear en el ordenador, y Ellos ponen tu nombre en otro ordenador donde gente avanzada, Iniciados avanzados, miran tu nombre y lo que te está sucediendo. A veces durante tres años, durante tres vidas, durante treinta vidas, te observan para ver qué diferencia estás haciendo en tu vida, cómo estás progresando, cómo estás fracasando, cómo estás llegando a la derrota, la victoria o el éxito, o cómo a veces, en un acto heroico, te sacrificas para traer transformación a la vida de tu nación.

La idea que permanecerá en tu mente es ésta: en el ordenador de la Jerarquía no se pierde ni una sola acción, sentimiento o palabra tuya. Todo queda registrado allí. De acuerdo con tus registros serás promovido en los rangos de la Jerarquía, hasta que un día estés listo para comunicarte conscientemente con Ellos. Antes de que estés listo, tu nombre no estará en el ordenador porque tu presencia crea trastornos y destrucción en el ordenador de la Jerarquía, y porque eres demasiado violento para estar en ese sutil ordenador.

Uno de los grandes Maestros dice que hay una gran cueva subterránea, y todas las paredes de la cueva están decoradas con pequeñas imágenes. Son las imágenes de aquellas personas que recibieron la primera iniciación. Un grupo de Iniciados observa las imágenes todos los días y ve cómo tu imagen está cambiando. Es como las imágenes de rayos X. Hay una pequeña chispa allí. Hay una pequeña chispa que se enciende, una nueva vida está surgiendo, otra vida está desapareciendo. Cada día los Grandes Seres te observan, especialmente si eres un Iniciado avanzado.

Día tras día observan, y si ven que tu color va cambiando, que tu nota va cambiando, que tu nombre en la computadora tiene un color rojo. Ese rojo tiene setenta y siete grados de rojez, matices. Cada matiz significa algo. Los colores son el alfabeto con el que se leen los registros de rayos X.

Cada color está asociado con una nota. Ellos escuchan la nota y dicen: «La nota física de este hombre tiene estática. Está enfermo. La nota física de este hombre o mujer es muy clara, y tiene un acorde, armonía, sinfonía». De modo que ese hombre está creciendo física, emocional y mentalmente y se está volviendo radiactivo. Cuando Ellos ven que tu composición está cambiando y que tu vida se está transformando gradualmente, Ellos envían un Rayo a tu imagen. Inmediatamente lo sientes sin saber lo que te está sucediendo. Pero después dices: «Sabes, mañana me levantaré temprano por la mañana y rezaré mis oraciones, haré mi meditación. Hace mucho tiempo que no hago mis lecciones. Déjame comenzarlas. Empecé este libro, pero nunca lo terminé. Déjame terminarlo. Déjame ir a visitar a mi amigo que está en el hospital. Me he olvidado de él. Déjame ayudar a esta gente. Déjame dar un millón de dólares a este hospital, a este templo, a esta universidad». Algo te sucede, pero no es el resultado de tu lógica. Es el resultado de un contacto que Ellos hicieron contigo porque creen que eres valioso y tienes mérito suficiente para tener un contacto con Su energía de inspiración. Nada se da en el Universo si no te lo mereces. Ésa es una gran ley. Debes ser digno de ello porque, si no eres digno, haces mal uso de esta energía, de esta inspiración, de esta visión. Vas a utilizar la energía que recibes en tu negocio, en tu vida, en cualquier nivel. La energía es un regalo para ti porque te volviste digno de ella.

Luego te ponen a prueba para ver cómo se utilizan en tu vida estas gracias, estas bendiciones que te han sido dadas. Ven si estás usando la energía para engañar a la gente, para dañar a la gente, para destruir y manipular a la gente, o si estás usando la energía para transformar el mundo.

¿Cuál es su meta suprema para la Humanidad? Sólo hay una: revelar la Divinidad que está oculta en nosotros, hacernos seres Divinos.

Recuerda lo que Cristo dijo: «Haréis cosas mayores que las que Yo hice si seguís Mis pasos». Nosotros no lo hemos hecho todavía. Imagina qué gran individualidad era Él. No lo hemos hecho todavía porque los poderes o los grandes potenciales que tenemos dentro de nosotros todavía no se han liberado. La Jerarquía nos ayuda a liberar estos potenciales dentro de nosotros y poco a poco nos hace caminar y avanzar por el camino de la perfección.

Ayer eras un compuesto químico. Luego te convertiste en un vegetal. Luego te convertiste en un árbol, una flor, etc. Luego te convertiste en un animal, y el animal se convirtió en humano. El reino humano es uno de los reinos que vamos a superar. Han pasado ya veinte millones de años y la mayoría de la Humanidad no ha cambiado de reino. Ahora vamos a entrar en el quinto, sexto y séptimo reino.

Si nuestra evolución espiritual hubiera procedido de acuerdo con el Plan, la mayoría de nosotros tendríamos control etérico, astral y mental para el año 2000. Debido a este control, tendríamos una vida muy refinada y saludable. Pero la mayoría de nosotros nos quedamos atrás. Hay quienes están lo suficientemente avanzados como para controlar sus cuerpos astral y mental y así avanzar hacia reinos superiores. Todo esto se puede lograr mediante el esfuerzo y el acercamiento a la Jerarquía.

¿Cuál es el objetivo primordial de la Jerarquía? Liberar la Divinidad que vive en nosotros. Hacernos capaces de tener una vida más plena y grande, no estando pegados a nuestros cuerpos, no estando pegados a nuestras casas, refrigeradores y calentadores, sino superándolos como ángeles, como grandes Iniciados.

No necesitamos el teléfono, el telegrama, la radio y la televisión porque todo está en nuestro ser, pero aún no nos hemos liberado. Ni siquiera necesitamos aviones porque podemos viajar espiritualmente.

El otro día, un Maestro del Himalaya llegó a la casa de un amigo, le dijo unas palabras y luego regresó. Le dijo: «Te llamé tres veces y no escuchaste Mi voz». Viajó once mil kilómetros. En un segundo, fue a la casa del hombre y regresó al Himalaya. En eso nos vamos a convertir.

Una vez estuve en Jordania. Un hombre santo visitó mi oficina. Me dio un poco de incienso, habló unos minutos y se fue. Salí a verlo, pero no estaba allí. Esa noche, cuando otro amigo y yo estábamos sentados en mi casa, nos llegó un mensaje de ese hombre santo diciendo que ahora estaba en La Meca y que regresaría en unos días. La gente sabía que podía viajar en su cuerpo a donde quisiera ir.

Tu cerebro es un ordenador. Cada ordenador está conectado con todos los demás ordenadores y con el gran Ordenador de la Jerarquía. La Jerarquía sabe inmediatamente lo que estás pensando, cuál es tu plan y propósito. Ellos están conscientes de ello porque viven en una condición omnipresente dentro de nuestra mente y dentro de la mente de todas las personas.

Vamos a desarrollar el sentido, la conciencia de que siempre estamos siendo observados y de que estamos viviendo en la presencia, en la conciencia de la Jerarquía. Porque estamos viviendo en la presencia, en la conciencia de la Jerarquía, vamos a aprender día tras día cómo ser lo mejor que podamos ser. Eso significa que toda nuestra vida va a ser una vida de esfuerzo hacia la perfección. ¿Cómo te estás vistiendo? ¿Cómo te comunicas con los demás? ¿Cómo está tu corazón? ¿Cómo está tu cuerpo emocional? ¿Cómo están tus sentimientos? ¿Cómo está tu pensamiento? ¿Cuál es tu plan? ¿Qué estás haciendo para ayudar a la Humanidad, para transformarla? ¿Qué tipo de metas futuras tienes en tu mente? De acuerdo con todos estos diferentes pensamientos, sentimientos y actividades, colocas los registros de la imagen que tienen en las cuevas del Himalaya. Estos registros deciden tus futuras encarnaciones, tu futuro dolor y sufrimiento, tu futuro éxito, bendiciones y logros.

Estaba leyendo un libro llamado *Supramundano*. En ese libro el Gran Sabio dice: «Si tan solo una vez escuchas el canto de los Hermanos en la Jerarquía, no serás la misma persona». Luego agrega: «Jerarquía significa trabajo pesado hasta el Infinito sin ninguna imposición. Por Nuestro libre albedrío estamos dedicados a la transformación de la Humanidad. Hacemos estas cosas con la mayor alegría». Es una gran señal cuando cada buen servidor, cada hombre que avanza comienza a hacer su trabajo, su deber, su responsabilidad con gran alegría porque se te ha dado la responsabilidad de servir a la Humanidad, de la mejor manera que puedas, para traer salud, felicidad, éxito, prosperidad y libertad a la Humanidad.

La Historia de la Jerarquía

Nuestra Tierra tiene siete cuerpos. Así como nuestra Tierra los tiene, tú también tienes siete cuerpos. Tienes el cuerpo físico-etérico, y este es el cuerpo físico. Luego tienes los cuerpos astral, mental, intuitivo, átmico, monádico y divino. En algunas escuelas los llaman siete principios. Estos siete cuerpos son los cuerpos a través de los cuales funcionamos en los planos correspondientes del planeta.

Ahora estamos viviendo en el cuerpo físico. Por ejemplo, tu cuerpo físico pasa por siete fases de evolución. Tu cuerpo emocional pasa por siete fases de evolución, al igual que tu cuerpo mental. Esto sucede sin que seas consciente de ello, pero si desarrollas estos cuerpos conscientemente, avanzas cada vez más rápido. Cuanto más rápido avanzas, más feliz, más saludable, más próspero y exitoso eres. Pero si retrasas tu evolución, desarrollas más dolor y sufrimiento, fracaso y derrota.

El propósito de la Enseñanza de la Jerarquía es hacernos capaces de utilizar los siete cuerpos, tal como utilizamos nuestro cuerpo físico. La perfección es la capacidad de utilizar todos estos cuerpos y a través de ellos tener un mayor campo de comunicación, experiencia e información con la Existencia como un todo.

Antes de nosotros, había cuatro Razas Raíces. La Primera Raza era una raza muy etérica. La Segunda Raza era un poco más densa. La Tercera Raza se llamaba la Raza Lemuriana. Estaban controladas por líderes divinos y necesitaban desarrollo individual.

Cada uno de vosotros tiene un Ángel Guardián, que es una extensión del ordenador de la Jerarquía en vosotros, y que informa lo que está sucediendo dentro de tu sistema cada minuto. Incluso en la *Biblia* Cristo dijo: «Tu Ángel está allí y cada día se comunica con el Padre en el Cielo». ¿De qué estaba hablando? «Padre en el Cielo» es una frase muy simbólica. Significa que hay algún Centro alrededor de la tierra que recoge la información necesaria de aquellos que están en el camino. Tu Ángel, cada día, ve el rostro de tu Padre y se comunica con Él. En lenguaje moderno, significa que la computadora está transfiriendo inmediatamente los datos de tu vida, física, emocional y mental al sistema de datos que está en la Jerarquía.

Ahora, ¿cómo se construye la Jerarquía? Estos 105 Grandes Seres construyeron el sistema educativo en el planeta para enseñar a la Humanidad siete campos de conocimiento. Comenzaron con el ABC. Lo primero que se enseñó fue política; política muy básica, por ejemplo, cómo relacionarse entre sí, cómo dirigir a la gente, cómo organizar a la gente, cómo utilizar el poder de la gente a través de la cooperación. Éste era el departamento político de la Jerarquía, que estaba en manos de un gran Maestro. En todas partes del mundo comenzaron a enseñar clases de liderazgo a través de sus discípulos e Iniciados.

El segundo departamento era la educación. Empezaron a reunir a aquellas personas que eran un poco más inteligentes, un poco más despiertas, que se esforzaban un poco más. Empezaron a enseñar educación. La educación era la ciencia de la autorrevelación, del autoconocimiento.

El tercer departamento establecido por la Jerarquía fue la comunicación, cómo comunicarse entre sí. Si lees la historia, los mitos y mitologías de la Humanidad, verás que el sistema de comunicación era un sistema de obra maestra, cómo inventaron los jeroglíficos y los tambores para comunicarse a través de movimientos y símbolos, cómo comenzaron a hablar y a construir diferentes palabras para expresarse a través de la voz, etc. Todo es un sistema de comunicación. Comenzaron a enseñar comunicación a toda la Humanidad.

El cuarto departamento que se estableció fue el de las artes. Si eres un estudiante de artes, verás que en tiempos muy, muy remotos, la Humanidad estaba ocupada por un arte muy primitivo, pero era arte. El arte era el único método para hacerte creativo, para hacer que tus ideas y pensamientos se manifestaran. Por ejemplo, visualizas una hermosa flor que está dentro de ti. Cuando llevas esa flor al lápiz y la dibujas, sientes que una parte de ti mismo está saliendo de ti. Este es el paso inicial para exteriorizar los poderes y potenciales que están latentes dentro del hombre.

El quinto departamento fue el establecimiento del campo científico. Comenzaron a enseñar la ciencia primitiva. Con el tiempo, enseñaron sobre la rueda, los ejes, los metales y otras cosas. Con el tiempo, la ciencia avanzó y avanzó y llegó a esta era con la ciencia que tenemos ahora. Todo comenzó por la Jerarquía.

El desarrollo de la ciencia en la Jerarquía es la fuente que inspira a nuestros científicos. Proyecta en sus mentes aquellas formaciones que ayudarán al progreso de la Humanidad. La mayoría de nuestros descubrimientos científicos son reflejos distorsionados de lo que la Jerarquía trata de inculcar en las mentes de los científicos.

Por ejemplo, tomemos la televisión. Dos grandes sabios dicen que «en nuestros grupos tenemos espejos que podemos girar hacia cualquier persona y ver lo que está haciendo». Por ejemplo, un discípulo estaba caminando y el Maestro lo estaba observando. De repente vio que una gran torre iba a caer sobre la cabeza del discípulo. Inmediatamente gritó: «Detente ahí», y el discípulo se salvó. No lo llaman televisión, lo llaman «los espejos». Puede ser importante que lo sepas. Será un sistema de advertencia en tu mente para saber que estás en la televisión. Es un gran Ojo que te está observando, pero nunca te critican. Nunca te odian. Solo quieren que sepas lo que eres. Quieren ayudarte para que tu evolución avance y transformes tu naturaleza y, finalmente, te vuelvas digno de trabajar en un Ashram en la Jerarquía.

El sexto departamento era la religión. Empezaron a dar los ideales religiosos, ideas religiosas muy primitivas. La primera idea que le dieron a la Humanidad en ese momento fue que existe una conexión entre el hombre y el Creador. Puedes encontrar esto en las religiones más antiguas, las tradiciones más antiguas y en los mitos y leyendas. Religión significa comunicación directa con el Todopoderoso. Nuestras religiones actuales son religiones de televisión. Si te pregunto: «¿Eres una persona religiosa?», y respondes: «Sí», significa que serías capaz de comunicarte diariamente con Dios conscientemente. ¿Estás en comunicación? Mira qué retrógrados somos al decir que somos personas religiosas. Intelectualmente estamos asumiendo que hay un Gran Ser, y una de Sus Chispas está dentro de nosotros y que podemos comunicarnos con Él. Pero no sabemos cómo comunicarnos con Él conscientemente. Aquellos que fueron capaces de comunicarse con fuerzas Inteligentes Superiores desplegaron sus potenciales y, vida tras vida, se dedicaron a enseñar a la Humanidad cómo comunicarse con la Luz Central en su sistema y en la Tierra.

Recuerdo a Ohannes Chelebian, que fue mi Maestro. Era armenio y muy universal. Día y noche meditaba. Un día fui a su casa y le dije: «Son las doce y media. ¿Has comido algo?». Él dijo: «No he comido. ¿Puedes ir a traerme pan y aceitunas?». Dudé porque no tenía ni un centavo y no sabía cómo iba a pagar el pan y las aceitunas. Golpeó una caja sobre la mesa y salieron setenta y cinco centavos. Esto fue un gran shock para mí, aunque nunca le demostré que estaba sorprendido. Miré el dinero, lo puse en mi bolsillo y le llevé lo que quería. Siempre miraba la caja pensando en lo que hacía. Para ponerlo a prueba, le dije: «Maestro, ¿no necesitas un poco de cebolla?». Él dijo: «Sí, creo que la cebolla es buena». Golpeó de nuevo y apareció el dinero. Fui inmediatamente a ver a un amigo. Dije: «Dame veinticinco centavos y tú tomas estos veinticinco centavos. Quédatelos». Quería gastar los veinticinco centavos de mi amigo. Más tarde, quise que mi amigo me los devolviera porque eran muy valiosos para mí, pero nunca me los devolvió porque le dije que eran algo milagroso. Dijo: «Si es milagroso, no lo devolveré». Llevé la cebolla de vuelta a mi Maestro y él me preguntó: «¿Cómo trajiste esta cebolla?». Respondí: «Con dinero». «¿Con qué dinero?», preguntó y sonrió. Él sabía que yo guardaba sus veinticinco centavos. Entonces dijo: «Abre tu palma». Puso cuatro monedas de veinticinco centavos en mi palma. Le pregunté: «¿Qué es esto?». Respondió: «Pide y se te dará». Guardé ese dinero durante diez, quince años hasta que más tarde me lo robaron. Este es un ejemplo de comunicación con Fuerzas Superiores.

Cristo nunca mintió cuando dijo: «Pedid y se os dará; llamad y se os abrirá». Nosotros hemos tenido esa experiencia. Cada vez que hemos preparado un libro para su publicación, el dinero ha llegado de forma sorprendente. Creemos que las Fuerzas Invisibles nos ayudan a servirlas.

El séptimo departamento que estableció la Jerarquía fue el de los negocios. Enseñaban cómo hacer negocios en sus diversas ramas. El séptimo departamento también enseñaba la ciencia de las ceremonias y la magia divina.

Estas enseñanzas se extendieron durante aproximadamente un millón de años. Después de un millón de años, los Grandes Seres vinieron a la Humanidad para caminar entre los hombres. Ellos fueron los primeros que se convirtieron en reyes y reinas y en los jefes de todos los departamentos del esfuerzo humano. Enseñaron las ciencias más sofisticadas a la Humanidad, la Cuarta Raza. Esta ciencia era tan avanzada que el Gran Sabio dice: «Nuestra tecnología ahora es menos avanzada que en ese momento», porque toda la tecnología estaba en manos de estos 105 Kumâras, los Grandes Seres. Si su tierra sale del océano, encontraremos paraísos, aviones, radios y televisores y otras cosas que eran las cosas más sofisticadas para la época.

Ellos formaron la Jerarquía, y la Jerarquía se volvió una gran institución. Se nos dice que Ellos la formaron en América Central, en el desierto de Gobi, en India, en el Cáucaso, en el Monte Ararat, en Rusia, en el Polo Norte. Había siete universidades. Las civilizaciones Aztecas y Mayas fueron el resultado de universidades que Ellos construyeron. Cuando Ellos formaron esas universidades, tomaron discípulos lentamente, lentamente. Si alguien de la Humanidad fue iniciado en el Tercer Grado, uno de los Maestros dejó la Jerarquía y fue a Su estrella. Se nos dice que ahora toda la Jerarquía es de la Humanidad, y lo hermoso es que la Jerarquía está formada por todas las naciones. No hay una sola nación allí. Es china, es árabe, es judía, es armenia, es alemana, es francesa. Toda la Jerarquía está constituida por todas las naciones, y están tan coordinadas que el Gran Sabio dice: «Somos como un sistema nervioso». Todo está coordinado en todas partes.

Los Maestros utilizan la energía de los Rayos y sus ciclos para generar diversos cambios en la vida y la conciencia humana. Cada Rayo que aparece o desaparece les brinda la oportunidad de utilizar situaciones para ayudar a la Humanidad. Los cambios en la Naturaleza les brindan una gran ayuda para utilizar los ciclos y generar nuevos ajustes en la vida del planeta.

Son como el timonel de un barco que atraviesa los rápidos; cada cambio en la corriente evoca una nueva forma de dirigir el barco. Los cambios en las corrientes de energía brindan nuevas oportunidades para lograr resultados constructivos. Cuando la situación en el mundo se deteriora debido a energías nuevas y crecientes, Ellos aprovechan esa situación como una oportunidad para utilizar nuevas energías para la regeneración.

Su método es difundir ideas y visiones o transmitir una determinada Enseñanza a sus discípulos para que la difundan en el mundo con el fin de crear respuestas hacia nuevas energías.

Nuestro sistema solar no es el Centro del Corazón de ese «Uno», sino el centro del corazón de una constelación que actúa como el Centro del Corazón del Uno, que es uno de los siete sistemas alrededor del «Uno».

Los grandes misterios de las Iniciaciones fueron dados a nuestra Humanidad por la Jerarquía, Quien, se nos dice, los registra desde la Logia Blanca de Sirio.

* * *

Pregunta: *¿De qué planeta vinieron?*

Respuesta: Esa es una pregunta muy técnica. Ellos vinieron de una de las Rondas de Venus. Es un poco difícil. Ellos vinieron de un planeta distante donde la civilización es tan avanzada que los seres humanos más avanzados de nuestro planeta son iguales a las hormigas en Su Presencia. Eso es lo que dice el Gran Maestro. Por ejemplo, el científico más avanzado de la Tierra es una hormiga comparado con un científico que vive allí.

Nuestra Jerarquía es el reflejo de la Sede de una Jerarquía mayor, que está en la estrella Sirio. Sirio es un centro cósmico y la verdadera sede de nuestra Jerarquía planetaria. Por supuesto, hay otros centros galácticos que controlan otras Jerarquías superiores.

Pregunta: *¿Cómo podemos llegar a ser miembros de la Jerarquía?*

Respuesta: La Jerarquía estableció dos tipos de escuelas: escuelas exotéricas y escuelas esotéricas. Las escuelas exotéricas son como nuestras escuelas, colegios y universidades en las que aprendemos nuestra ciencia material, ciencia física, ciencia objetiva. Eso es muy importante para nosotros. En las escuelas esotéricas Ellos enseñan, por ejemplo, cómo abandonar el cuerpo y permanecer fuera del cuerpo; cómo vivir en el espacio sin un cuerpo, incluso sin un cuerpo emocional; cómo utilizar el cuerpo mental y trabajar en los planos mentales, etc. Enseñan cómo viajar de un planeta a otro; cómo escuchar mentalmente los pensamientos y sentimientos de otras personas; cómo inspirar a las personas y dirigir sus vidas hacia la perfección, el esfuerzo y la belleza, desafiando e inspirando a las personas.

Para hacer estas cosas, organizaron una escuela que se llama Escuela de Iniciación. Todas las sociedades secretas y la mayoría de las religiones son distorsiones de estas escuelas.

La Escuela de Iniciación

La Escuela de Iniciación se divide en siete niveles. La primera iniciación se recibe cuando uno se convierte en el amo de su cuerpo. El cuerpo ya no lo controla a uno. Uno controla a su cuerpo y un día, en un sueño o en la conciencia despierta, los llevan a la escuela y los ponen a prueba para ver si pueden controlar su cuerpo y dejarlo. Para ello, tienen cuatro pruebas. Las cuatro pruebas son la prueba del fuego, la prueba del aire, la prueba de la tierra y la prueba del agua.

A veces, algunos de vosotros habéis pasado estas pruebas en vuestros sueños. Por ejemplo, estás de pie en una gran montaña y alguien te empuja al abismo, y de repente despiertas. No has pasado porque estabas pensando que estabas en el cuerpo. Sigues identificado con tu cuerpo. Si estás identificado con tu cuerpo, no puedes desprenderte de él. Por ejemplo, de repente estás en el fuego. Entras en pánico y te despiertas. Pero si no tienes cuerpo, te gusta el fuego, y el fuego no te quema. Debes pasar este tipo de pruebas.

La primera iniciación consiste en que realmente controles tus impulsos y tus necesidades físicas. Ya no te controla tu cuerpo, ni tu sexo, ni tu apetito, ni las drogas, los porros y los cigarrillos. Ya no tienes hábitos, puedes controlarlos.

Entonces, cuando Ellos ven que durante una vida, dos vidas, realmente estás controlando tu cuerpo físico, vas a la primera sala de clases. En esta sala de clases te enseñan cómo salir de tu cuerpo cada noche. Es muy científico. He contactado y he hablado con muchas personas que han pasado por estos ejercicios e iniciaciones. Es algo fantástico. Puedes dormir e ir inmediatamente a cualquier lugar que quieras con tu cuerpo etérico, astral o mental. Esto se hace en la primera iniciación.

La segunda iniciación es la purificación de tu cuerpo astral. El cuerpo astral son tus emociones. Hay seis cosas que debes conquistar. Ellas son el miedo, la ira, el odio, los celos, la venganza y la malicia. Si controlas estas seis víboras, poco a poco te irás preparando para entrar en el segundo grado de iniciación. Es muy, muy difícil porque todos los días te ponen a prueba. Te ponen a prueba por teléfono, por tus amigos, por tu esposa y tu esposo. De repente te pones tan enojado, tan cruel, que gritas y maldices. Entonces te pones celoso y vengativo. No pasaste la prueba.

En cada vida puedes acercarte un poco más a la Jerarquía. Estos seis vicios, seis víboras, son tan pegajosas como el asfalto. Una vez que se te pegan, es difícil librarse de ellas. Si quieres avanzar hacia la Jerarquía y finalmente entrar por la puerta de la Jerarquía, vas a controlar, especialmente, estas seis víboras.

El odio debe ser totalmente desarraigado de vuestro sistema, el odio hacia cualquier persona, hacia cualquier nación, hacia cualquier religión. El odio debe ser detenido porque el odio os impide el contacto con la Jerarquía.

El miedo significa que te identificas con valores transitorios, con tu cuerpo, con cosas que no tienen valor continuamente, con tu silla, con tus joyas, con tus muebles, con tu negocio, con tu cuerpo, con el cuerpo de tu amigo, con las posesiones de tu amigo. Estás identificado. Cuando se rompen estas identificaciones, no tienes ningún miedo. El miedo proviene de la identificación. El miedo y la ira te obligan a imponer tu voluntad a los demás. Si alguien no hace lo que quieres que haga, te enojas. Si miras la ira en tu plano emocional, es como un cáncer. En el futuro, en tres, cuatro, cinco, diez vidas, si continúas, la ira se convertirá en tumores, luego en cáncer. La superarás por todos los medios.

En los monasterios nos dijeron que iban a llevar a algunas personas a las montañas y las iban a dejar allí. Nos dejaron en las montañas sin ninguna protección. Tres o cuatro días después, cuando regresamos, nos preguntaban: «¿Tenías miedo?». «Claro que sí». Pero algunas personas nunca tuvieron miedo. Decían: «Que pase lo que tenga que pasar». No había miedo.

Tienes millones de miedos: miedo al cuerpo, miedo a las emociones, miedo al dinero, miedo a los negocios, miedo al divorcio, miedo al matrimonio, miedo a los hijos. Intenta luchar contra ellos. Si tienes miedo o cualquiera de estas seis víboras, significa que vas a trabajar para superarlo, si quieres entrar en la segunda clase de iniciación.

Alguien podría preguntar: «Si no quiero progresar, ¿qué sucede? No quiero entrar en la primera clase. No quiero entrar en la segunda clase. ¿Qué sucede entonces?». Lo que sucede es que continúas encarnando en este planeta, año tras año, vida tras vida, continuamente, y el planeta se vuelve más contaminado, devastado, más criminal e inhabitable, por lo que te has condenado a ti mismo. Al final te conviertes en un animal, como es característico, y quieres terminar tu vida en este planeta y desaparecer. Te llevan a un planeta inferior donde la vida es como la de los animales. Cuanto más retrocedes, más dolor invitas a tu vida.

Cuando terminas la segunda iniciación, se abre la Tercera Iniciación y los Grandes Seres comienzan a enseñarte mentalmente en tus sueños. Quizás algunos de vosotros asisten a clases por la noche. ¿Habéis tenido esa experiencia? ¿Habéis asistido a clases en las que alguien habló y luego recordaron todo? Incluso pueden escribir en su diario que esto y esta sabiduría se les dio en su sueño. Ese es el plano mental.

¿Cómo sucede esto? Hay cinco víboras en el plano mental que se resisten y te impiden entrar en el salón mental. El plano mental es una universidad muy avanzada. ¿Quiénes son esos guardianes, esos perros que te impiden entrar allí? Uno se llama separatismo: es uno de los mayores venenos de la mente humana, devasta a la Humanidad. El segundo es el fanatismo. El tercero es la vanidad. La vanidad significa tres cosas. Un hombre dice: «Yo sé», pero no sabe. Eso es vanidad. Un hombre dice: «Puedo hacerlo todo», pero no puede hacer nada. Es vanidad. Dice: «Lo tengo todo», pero no tiene nada. Eso es vanidad. Esa vanidad crea algunas enfermedades en el plano mental, esa enfermedad le impide vivir en la presión de la universidad del plano mental. Estas palabras son muy interesantes: «la presión». No puedes soportar la presión del plano mental, la presión ardiente, si tienes vanidad.

El cuarto es el ego. «Soy mejor que todos. Todos deben servirme. Soy grandioso». Crees que eres alguien, pero no lo eres. Eso es el ego. Quieres que todos te sirvan, que te respeten, que hagan todo lo posible para que estés a la altura de tu ego. Vas a controlar ese ego con humildad, diciendo: «Soy uno de los servidores de la Humanidad. Haré todo lo que pueda para que todos los que me rodean puedan hacer lo mejor que puedan, y yo soy uno con ellos». La humildad es la cooperación con todo lo que existe.

El quinto es la codicia. Como podéis ver, la Humanidad se está devastando a sí misma con la enfermedad de la codicia, que proviene de esos grupos, esas naciones, esas instituciones que están bombeando en las mentes de la Humanidad todos los días: «Dinero, dinero, codicia, codicia, tener, tener, más, más, eso no es suficiente, tener más». Éstos son grandes obstáculos para la iniciación.

La Jerarquía solía enseñar todo esto hace diez o quince millones de años en hermandades secretas y probaba a la gente sobre cómo actuaban, cómo pasaban por estas pruebas. Cuando eran probados, pasaban por la experiencia de la Transfiguración. Esto es muy hermoso. En todas las religiones se habla de estas experiencias. Los grandes discípulos pasan por esta Iniciación. La Transfiguración es una experiencia en la que ves que cada célula de tu cuerpo irradia la luz que tiene. Es un color violeta claro. Un clarividente ve el violeta. Todo el cuerpo se vuelve violeta. Luego el cuerpo emocional se vuelve todo plateado. Luego el cuerpo mental se vuelve todo dorado y amarillo mezclado. Entonces ves un Cáliz radiante en estos tres cuerpos transformándose. La Transfiguración es la unificación de los fuegos o luz en tus tres cuerpos, físico, emocional y mental.

Hace diez o quince millones de años, cuando te transformaste y pasaste la ceremonia de la Transfiguración, te convertiste en el líder de un Ashram. Los Maestros te llamaron Iniciado y dijeron: «Ahora tienes quinientas personas en tu grupo de estudio. Tú las guías, las diriges, las transformas, las desafías, las ejercitas, las disciplinas. Ellas están en tus manos».

Se nos dice que Krishna fue el primero que alcanzó el liderazgo jerárquico cuando terminó la Tercera Iniciación. Cristo se convirtió en la Cabeza de la Jerarquía cuando terminó la Quinta Iniciación. El otro que va a ser la Cabeza de la Jerarquía debe terminar la Séptima Iniciación. Cada diez mil millones de años, ellos están avanzando. Por ejemplo, hace quinientos años teníamos médicos. Solían estudiar tres o cuatro años y luego se convertían en médicos. Ahora necesitas estudiar tal vez diez años, y luego muchas ramas de la curación. En realidad, necesitas diez o quince años para convertirte en médico. Es lo mismo con las iniciaciones.

Cuando se termina la Tercera Iniciación se alcanza la Cuarta Iniciación de la Jerarquía. Esta Cuarta Iniciación es una iniciación muy drástica porque la Cuarta Iniciación se llama, en las escuelas esotéricas, separación del espíritu de la forma. En la terminología cristiana se llama crucifixión. En la religión budista se llama renunciación, renuncia total. Por ejemplo, cuando Buda llegó a su casa por la noche y miró a su esposa durmiendo, miró a su bebé durmiendo, dijo: «Me voy. Adiós a todos». Eso fue renunciación. Renunció a su reino, a su trono, a sus joyas, a sus riquezas y a su gloria. Renunció a todo y demostró que había renunciado. Se convirtió en un Iniciado de Cuarto Grado. Jesús se convirtió en un Iniciado de Cuarto Grado cuando lo crucificaron[14].

El significado interno no es la crucifixión, que estás viendo afuera. El significado interno es la separación del espíritu de los cuerpos. En la Cuarta Iniciación realmente te entrenan, quizás dos, tres, cuatro vidas, quizás sesenta años, setecientos años, siete mil años para aprender cómo entrar en tu cuerpo físico y salir de él, entrar en tu cuerpo emocional y salir, entrar en tu cuerpo mental y salir, y cortar totalmente el control de los cuerpos sobre ti para que seas espíritu total. En este proceso, desde el Tercer Grado en adelante, tu cuerpo físico, cuerpo emocional y cuerpo mental pierden lentamente todas las enfermedades, todos los desórdenes, toda desarmonía. Lentamente, lentamente se derriten y te conviertes en un candidato para la «Maestría».

La Cuarta Iniciación es la dedicación total de uno mismo. Todo lo que uno es, todo lo que uno tiene, todo lo que uno sabe va a ser sacrificado por la evolución, por

14. Véase *Sutra del Buda: Un diálogo con el Glorioso.*

la perfección de la Humanidad. Es la Humanidad, no su raza, ni su religión, ni su grupo, lo que es importante. Es la Humanidad entera. Esa es la Cuarta Iniciación. Por supuesto, hay muchas, muchas pruebas. Se nos dice que a veces es una prueba de tres años, una prueba de treinta años, una prueba de trescientos años, una prueba de tres mil años hasta que uno alcanza la condición de diamante. Uno se convierte en diamante. El carbón, lentamente, lentamente, a través de las eras, se convierte en diamante. Esa es la vida. La vida tiene un significado, la vida tiene un plan, y cada uno de ustedes está en la computadora. No lo olviden. Ustedes están en el ordenador ¿Cuánto tiempo quieren permanecer en el nivel inferior? Eso depende de ustedes. ¿Cuándo quieren graduarse y convertirse en una obra maestra, un Maestro, para poder comenzar a trabajar en la Jerarquía?

Una vez que entras en la Cuarta Iniciación ya no utilizas la razón ni la lógica. Sabes todo exactamente en ese momento. Miras algo y conoces la totalidad de ello. Ese es el Plano Intuicional.

Cuando entras en el nivel Átmico te conviertes en un Maestro, y tu conciencia trabaja allí. Un Maestro es aquel que se convirtió totalmente en un puente entre la Humanidad y el capitán más alto del planeta. Se convirtió en un puente. No hay divisiones entre Él y Dios, por así decirlo. Se convirtió en el puente. Es por eso por lo que en la Sabiduría Eterna a cada Maestro se le llama puente. A cada Iniciado de Cuarto Grado se le llama constructor de puentes. A un Iniciado de Tercer Grado se le llama trabajador, que recoge las piedras del puente. El iniciado de segundo grado es aquel que está observando el plano del puente. Al iniciado de primer grado se le cuentan los cuentos de hadas de ser el puente. Estas son explicaciones muy antiguas y simbólicas de los caminos de la iniciación.

Cuando te convertiste en un puente, significa que te convertiste en un puente entre tus cuerpos físico, emocional y mental y la Divinidad dentro de ti. No hay separación. Ahora eres un circuito. Eres uno. No hay cuerpo físico, emocional y mental. No solo eres uno con todo lo que existe, sino también uno con la Humanidad; eres uno con el planeta; eres uno con el Alma del planeta; eres uno con el Creador del planeta. Te volviste uno. Ese es el nivel Átmico. El poder más elevado del nivel Átmico no es la intuición. Se llama actualización, lo que significa que todo lo que deseas ahora, en este momento, se hace. Por ejemplo, Cristo dijo: «Detente», y todas las olas se detuvieron. Fue hacia el hombre muerto y le dijo: «¡Levántate!». No hay conocimiento. Ya no hay razón ni lógica. Es actualización instantánea.

Los Iniciados del Sexto Grado pasan al nivel Monádico. El Iniciado del Sexto Grado es aquel que puede decidir quedarse en este planeta o irse a otro. Por ejemplo, nuestra Jerarquía está formada por aquellos Maestros que decidieron quedarse con la Humanidad hasta que la mayoría de la Humanidad entre en la Tercera Iniciación. Después de la Tercera Iniciación, se irán.

Con la Séptima Iniciación, el Maestro termina esta evolución terrestre y actúa en el Plano Astral Cósmico. Tenemos unos pocos Iniciados de Séptimo Grado. Ya están actuando en el Plano Astral Cósmico. Tenemos el Plano Físico Cósmico, el Plano Astral Cósmico y Planos Cósmicos superiores. Un Iniciado de Séptimo Grado es un bebé nacido en el Plano Astral Cósmico. Miren cuánto necesitamos crecer y expandirnos y qué deplorable es que desperdiciemos nuestro tiempo haciendo cosas que no contribuyen a nuestro progreso y realización eternos. Esto es algo muy importante: ¿cuánta pérdida de tiempo, cuánta pérdida de energía, cuánta pérdida de dinero se destina a cosas que no están relacionadas con nuestro progreso y realización eterna? Esto es algo en lo que vas a pensar. Todos nuestros esfuerzos deben estar dirigidos hacia la perfección. Cristo dio el consejo más elevado: «Sed perfectos como vuestro Padre que está en los cielos es perfecto». Qué gran mensaje fue, que el único objetivo en la vida no es ganar dinero, tener altas posiciones, posesiones, brillar con gloria, sino solamente alcanzar la perfección.

La perfección es triple. El Iniciado del Tercer Grado es un hombre perfecto. El Iniciado del Quinto Grado es un Alma perfecta. El Iniciado del Séptimo Grado es un Espíritu perfecto. Tiene tres capas: perfecto, perfecto, perfecto, lo cual es algo muy complicado.

* * *

Pregunta: *¿Cuál era la raza lemuriana de la que hablabas? Si algunos eran tan perfectos, entonces ¿por qué surgió la Atlántida?*

Respuesta: Los lemurianos no eran perfectos. Los Maestros los iban guiando, enseñándoles para que fueran iniciando un movimiento hacia la perfección. Cuando los Maestros se retiran, las razas se van degenerando cada vez más. En la Atlántida tenían la civilización más alta. El Gran Maestro y el Gran Sabio dicen que tenían aviones que iban más rápido que la velocidad de la luz. Era una perfección inimaginable, pero la raza atlante se degeneró porque unas personas que vinieron de otro sistema solar a evolucionar aquí, empezaron a crear la logia del mal. Entonces allí se pelearon los magos blancos y los magos negros. Fue tan malo que la Atlántida se hundió y desapareció.

Pregunta: *¿Podrías contarnos un poco sobre lo que le sucede al Ángel Solar en la Cuarta Iniciación?*

Respuesta: En la Cuarta Iniciación nuestro Ángel Solar, nuestro Ángel Guardián, nos deja, no porque seamos malos, sino porque hemos llegado a la Cuarta Iniciación y no lo necesitamos. Hasta la Cuarta Iniciación, Ellos te siguen. Incluso en la Cuarta Iniciación, Ellos no viven dentro de ti. Están a tu alrededor. Vienen y te hacen sugerencias. Hasta puedes hablar con Él. Por ejemplo, Goethe dice que un día estaba almorzando, y su Ángel Solar se sentó frente a él. Tuvo el diálogo más excepcional con su Ángel. Esto está en sus libros. Era un hombre muy avanzado, un hombre espiritual. Si lees *Fausto*, es un libro muy bonito como historia, como drama, pero detrás de Fausto hay toda una enseñanza esotérica, que vas a leer desde un nivel diferente.

Pregunta: *¿Cómo forma el karma una nube?*

Respuesta: Una nube se forma por tus malas acciones, emociones negativas o pensamientos contaminados. Cada vez que tu cuerpo se ve obligado a hacer algo en contra de la Ley de la Naturaleza y en contra de la ley de tu conciencia, emana un gas, un elemento, que se acumula en el cuerpo que realizó las acciones incorrectas. Sus acumulaciones son las semillas de futuras enfermedades.

También existe el karma que se crea por la inacción. Esa es la otra parte. Por ejemplo, se suponía que debías hacer algo y no lo hiciste. Esa es una forma de karma. Se suponía que debías decir algo ahora y no lo hiciste debido a tu miedo, debido a tu vacilación. Se formó karma porque no lo hiciste. Planeaste algo hermoso y no lo hiciste cuando podías hacerlo. Eso también es karma. Por ejemplo, digamos que un hombre se está muriendo y tú simplemente estás pasando por allí. Podrías haber hecho un sándwich y haber alimentado al hombre. No lo hiciste. Tu corazón te dijo que lo hicieras. No lo hiciste. Es mal karma en tu aura. No solo lo que haces crea karma o no karma, sino también *lo que no haces, lo que no piensas, lo que no dices* crea un karma.

Todos mis libros están escritos sobre esta Enseñanza. No hay nada en mis libros que esté fuera de la Enseñanza. Léelos. He escrito para tu nivel, para que los entiendas. Por ejemplo, lee el *Sutra del Buda* con mucho cuidado. Es una obra maestra. Lo leí quince veces antes de publicarlo. El otro día dije: «Déjenme ver qué clase de libro es este». Estaba en la página ochenta y lloré tres veces. Es fantástico. Es tan hermoso. Lee otros libros. *Conmociones Cósmicos* es muy importante. Lee *Psique y Psiquismo* y *El Desafío del Discipulado*. Léelos con mucho cuidado y conviértelos en un estudio regular, todos los días, porque lentamente vas a pensar más y más en la Jerarquía. En tus trabajos diarios, piensa en la Jerarquía, en que Ellos te están observando. Un día glorioso los vas a encontrar y los vas a invitar a un servicio mayor.

Yo era un niño pequeño y todavía no sabía muy bien inglés. Abrí las *Memorias de Blavatsky* y las leí. Me acaloré mucho. Me sentí inspirado. Me sentí lleno de energía, pero pensé: «No entiendo lo que está diciendo». Traje a un monje y él me tradujo esa sección. En esa sección Blavatsky dice: «Una noche, cuando estaba en Londres, había luna llena y estaba en el puente. Un hombre alto me miró y comenzó a caminar hacia mí. Cuando lo vi, me di cuenta de que solía verlo en mis sueños. Vino, me abrazó y me dijo esto, esto, esto. *Fue el día más memorable de mi vida*». Le dije: «Repítelo otra vez». Cuando el monje comenzó a leer el pasaje nuevamente, lloré. Sentí que yo era Blavatsky y que el Maestro me estaba viendo y enseñándome. Esta es la gloria del ser humano.

XV

EL PROPÓSITO Y EL PLAN

La Jerarquía está compuesta por todos aquellos seres humanos que se han graduado del nivel de seres humanos y han entrado en la evolución supra humana. Todos vosotros, en el momento adecuado, os graduareis de esta miseria en la que nos encontramos. Os graduareis de vuestros dolores y penas, de vuestras muertes y sufrimientos, de vuestros amores, odios y celos. Finalmente verás que todo eso no es nada y te dedicarás al propósito de la evolución, al propósito de la vida.

Estamos jugando un juego en nuestra vida, y no nos damos cuenta de que estamos perdiendo tiempo y energía haciendo cosas que no deberíamos hacer y persiguiendo cosas que no deberíamos. De esta manera, nos estamos olvidando de nuestro propósito primordial.

La gente no sabe nada sobre la Jerarquía y no piensa en la Jerarquía. Pero pensar y hablar sobre la Jerarquía y leer sobre la Jerarquía hace que la Jerarquía sea real en nuestra vida. Establecemos una línea de comunicación entre la Jerarquía y nosotros mismos. Esto es muy importante.

El Gran Sabio dice que la Jerarquía tiene un aparato, una máquina, que registra cada vez que la gente habla de Ella. Cuando dices «Jerarquía» y hablas de Ella, esa máquina lo registra. Es muy importante conectarse con la Jerarquía para que las energías de la Jerarquía, la luz, el amor y la dirección que vienen de la Jerarquía guíen tu vida. Sin la Jerarquía, estamos perdidos en el vasto desierto de la creación. No tenemos ninguna meta; no tenemos ninguna dirección; no sabemos a dónde vamos. Y, después de morir, estamos perdidos en la tormenta de arena.

La Jerarquía ahora está construida y compuesta por seres humanos. Primero, estaba compuesta por Kumâras, grandes seres humanos avanzados que terminaron su curso en sistemas solares anteriores. Se graduaron de su evolución humana hace millones de años. Vinieron a nuestro planeta y establecieron la Jerarquía. Lentamente, lentamente, dejaron la Jerarquía y los seres humanos ocuparon Su lugar. Es muy importante saber esto. El hombre promedio, el estadounidense promedio, nunca piensa en esto. Están muy ocupados con sus trabajos, con sus dolores y sufrimientos, con sus hospitales, dientes, oídos, ojos, etc., pero lo principal es pensar en la Jerarquía.

Se necesitaron dieciocho millones de años para que los seres humanos se graduaran, fueran iniciados y, finalmente, se purificaran hasta tal grado que pudieran entrar en los círculos Jerárquicos y servirles.

La Jerarquía tiene un Plan, y este Plan está construido alrededor del Propósito de la vida que está animando a nuestro planeta. Hay un Arquitecto que sabe por qué creó esta tierra, por qué creó a esta Humanidad, a toda esta vida. Hay un Propósito en Su mente. Este Propósito está sellado y cubierto. No podemos verlo. Te preguntas: «¿Cuál es el propósito de la vida? ¿Por qué nací?», especialmente cuando estás enfermo y en el hospital. Te preguntas: «¿Por qué nací? ¿De qué se trata todo esto?». A veces, incluso en grandes placeres, de repente te despiertas y dices: «¿Cuál es el propósito de esto?». Este despertar es una gran pregunta que te hace buscar el Propósito que existe en todo nuestro sistema solar. Puedes preguntar: ¿Por qué se creó este sistema solar? ¿Cuál es el propósito? ¿Cómo podemos realizar y actualizar ese propósito?

La Jerarquía, a través de la meditación y la enseñanza avanzada, penetra lentamente en este Propósito para entender lo que el Jefe quiere. Por ejemplo, el Jefe quiere que nuestras almas se gradúen y, con el tiempo, lleguen a ser seres humanos perfectos, divinos, inmaculados, puros, que todo lo saben, que todo lo sienten y todo lo ven.

Digamos que éste es el Propósito de ese Gran Señor. Ahora bien, ¿cómo se puede lograr este Propósito? La Jerarquía formula y decide lo que la Humanidad debe hacer para hacer realidad este Propósito. Así pues, al pensar y trabajar para realizar el Propósito, el resultado es un Plan. La Jerarquía tiene un Plan, y si se sigue ese Plan, se puede alcanzar el Propósito.

¿Cuál es el Plan? El Plan es a la vez muy fácil y muy difícil, pero podemos simplificarlo. El Plan es que cada ser humano, incluso cada animal, cada pájaro, cada arbusto, cada flor, sea iluminado. Éste es el primer paso del Plan. Así que la Jerarquía decide, formula las formas y los medios de cómo hacer que la Humanidad sea iluminada. «Que la Luz descienda a la Tierra». En la iluminación, cuando llega a tu mente, primero ves quién y qué eres. Segundo, ves quién quieres ser. Tercero, ves cuáles son los caminos para convertirte en lo que quieres ser.

La primera parte del Plan es la iluminación de toda la Humanidad. Cuando la luz llegue, podrás verte a ti mismo. «Soy un estafador. Soy un ladrón. Soy un mentiroso. Soy un materialista. Soy un perro codicioso. Soy esto o aquello». Puedes verlo. No puedes ocultar a la luz lo que realmente eres. Sócrates dijo: «Conócete a ti mismo». Puedes verte a ti mismo, pero puedes esconderte de ti mismo. Puedes decir que no eres eso, pero sabes que eres eso.

Primero, la iluminación llega a tu mente y ves lo que eres. Esto es algo terrible. Es realmente terrible. Aún no lo entiendes, pero una vez que veas a la clara luz del día lo que eres, te aterrorizarás de ti mismo, de lo que te has convertido. Esa es una prueba difícil de superar. A veces la gente ve que es un mono y huye del mono. Coge una botella de whisky y se la bebe. Cae en los placeres y trata de olvidarse de sí misma. Trata de hacer todo lo posible para olvidarse de sí misma porque no le gusta verse como un mono con una gran cola. A veces no puede escapar de sí misma. Esto es muy psicológico. Lo estoy haciendo cómico, pero es muy psicológico.

A veces no huyen de sí mismos, sino que se identifican consigo mismos y dicen: «Soy un mono, un mentiroso, un codicioso, un materialista, una persona celosa, odio a la gente». Aceptan lo que son. Una vez que lo aceptan, se convierten en lo que aceptan, lo moldean y se convierten en eso, se cristalizan en su propia imagen. Es muy difícil salvarlos de sí mismos. Cuando te ves como un mono y lo aceptas, no puedes separarte del mono. Este es un problema muy psicológico. No podemos hacer que las personas se separen de «sí mismas» y vean la realidad de que no son monos, que son seres superiores. ¿Cómo separamos a las personas de aquello con lo que están cimentadas, cuando se han convertido en uno, cuando se han identificado con su falso yo?

La segunda parte de la iluminación es ver lo que deseas o quieres llegar a ser. Mediante tus propios esfuerzos o con ayuda externa, despréndete del mono e intenta identificarte con alguna autoimagen que sea más saludable, más adecuada, más hermosa, más armoniosa con tus deseos o visiones internas, si puedes. Para mejorarte a ti mismo puedes estudiar las vidas de personas que sirvieron a la Humanidad viviendo una vida heroica o hermosa.

El tercer punto de la iluminación es ver las formas en que puedes llegar a ser lo que quieras ser. Aquí es donde comienza tu planificación inteligente y el seguimiento de tu plan paso a paso para iluminarte a través de libros o de un maestro o en la meditación o en el servicio. Con el tiempo, encontrarás formas y medios para iluminarte y lograr lo que quieres ser.

La segunda parte del Plan es un poco más profunda. Debéis imaginar que las universidades, los colegios, la educación superior, etc., forman parte del Plan. La segunda parte del Plan es el Amor. «Que todos los hombres amen». Es un Plan en el que hemos estado trabajando durante veinte millones de años, pero no hemos logrado mucho. Seguimos matándonos unos a otros, seguimos odiándonos, seguimos teniendo celos unos de otros, y el amor no está aquí. Nuestro amor es en su mayor parte una mentira. Hay unas cuantas personas que se aman, que están dispuestas a sacrificarse unas por otras, que tratan de elevarse mutuamente, de evocar creatividad y grandeza en los demás. Eso es amor. Mira qué hermoso es. El Plan es Luz y Amor y la creación de armonía, cooperación y comprensión universales. La Jerarquía toma esa Luz y Amor y prepara los diseños, los planos, de cómo debe lograrse el Amor. No es fácil. Se necesitan miles y millones de años para hacer que la Humanidad comprenda que el amor es más beneficioso y trae más salud que el odio, que los celos, que la venganza. Es difícil porque la gente se identifica con su «mono». La Jerarquía está tratando de educar a la gente para que se amen, se respeten, se identifiquen entre sí. ¿Por qué? Porque el Ser Único está dentro de nosotros. Estamos respetando y amando al Ser Único que está dentro de nosotros. Ésa es la segunda parte del Plan.

La tercera parte del Plan es aumentar la Voluntad en la Humanidad. La voluntad es dirección; la voluntad es la energía de la realización. La gente dice, por ejemplo: «Quiero ser bella», y se vuelve bella. No espera más porque tiene fuerza de voluntad. «No quiero fumar más». Al minuto siguiente no fuma porque la energía está ahí. «Quiero perder peso», y pierde peso. «Quiero ganar peso», y tiene peso porque tiene fuerza de voluntad. La fuerza de voluntad es la energía de la realización. Cualquier cosa que pongas en tu visión, te conviertes en la visión misma, a través de tu fuerza de voluntad.

La Jerarquía está trabajando en estos tres campos y elaborando un Plan: «Que el Plan de Luz y Amor se cumpla y que selle la puerta donde habita el mal». Es fantástico. Estamos entrando en la energía de la Luz, el Amor y la Voluntad. ¿Por qué? Es así como eliminamos todos los obstáculos de la humanidad que hacen la vida miserable.

La Jerarquía no tiene limitaciones de tiempo ni de espacio en Su conciencia. Están dispersos por todo el mundo. En realidad, hay dos miembros de la Jerarquía en los Estados Unidos. Hay uno en Rusia, uno en Canadá, dos en la India, dos o tres en Egipto. Están dispersos, pero están continuamente en comunicación telepática. Para Ellos no hay tiempo ni espacio. Se comunican telepáticamente y toman Sus decisiones. Una o dos veces al año se reúnen colectivamente y deciden la siguiente fase del Plan. Estos niños aprendieron A. Luego, ¿qué sigue?: B. Aprendieron B, luego C y D y F, y así sucesivamente. La Jerarquía es el centro educativo de este planeta. Trabajan y actúan en la energía, en el vórtice del amor. Para Ellos no hay nada más que amor. Son el Centro del Amor. Cuando la Humanidad piensa en estos Centros, los Centros influyen en la Humanidad. Ahora percibo que Ellos están sintiendo que estamos hablando de Ellos, y Sus energías se están difundiendo hacia nosotros. Cada uno debe pensar individualmente en la Jerarquía porque la Jerarquía es el único camino para lograr nuestra salvación.

En muchos libros se dice que la Jerarquía hizo pedidos a los seres humanos para «ayudarlos». Debemos ser ayudantes de la Jerarquía para aliviar Sus cargas. No es que Dios esté sentado allí alucinando y los ángeles estén bailando alrededor de Él cantando salmos y todo esté bien. Ellos están sirviendo al mundo entero. No sólo están sirviendo al mundo entero, sino que también están sirviendo a los seres humanos en los niveles astral, mental y espiritual. Estos cuatro niveles son Su campo de servicio. El Gran Sabio, en uno de Sus versos, dice muy bellamente: «A veces en Nuestro trabajo Nuestro sudor cae como grandes gotas de sangre». Así de duro trabajan para ayudar a la Humanidad. Si Su ayuda no estuviera con nosotros, en diez años nos comeríamos unos a otros como caníbales. Esta es la caída humana. La Jerarquía está ayudando a elevar culturas y civilizaciones con leyes, regulaciones, gran inspiración e iluminación. Están ayudando a toda la Humanidad, a avanzar paso a paso. Si cortan su relación con nosotros, nos convertiremos en animales, odiándonos, matándonos y acabándonos unos a otros. Eso es lo que hizo la Humanidad lunar. En la luna, la Jerarquía retiró su ayuda porque la Humanidad era odiosa, y en cien, doscientos años se destruyeron mutuamente, se bombardearon mutuamente, se aniquilaron mutuamente, y la luna se convirtió en cenizas. Si la Jerarquía entra en tu cerebro y en tu corazón, sientes que tienes dirección, que tienes apoyo, que tienes un refugio para ir a algún lado, para ser algo.

La Gran Invocación

Desde el punto de Luz en la Mente de Dios,
Que fluya luz a las mentes de los hombres.
Que la Luz descienda a la Tierra.

Desde el punto de Amor en el Corazón de Dios
Que fluya amor a los corazones de los hombres.
Que Cristo retorne a la Tierra.

Desde el centro donde la Voluntad de Dios es conocida,
Que el propósito guíe las pequeñas voluntades de los hombres,
El propósito que los Maestros conocen y sirven.

Desde el centro que llamamos la raza de los hombres,
Que se realice el Plan de Amor y Luz
Y selle la puerta donde se halla el mal.

Que la Luz, el Amor y el Poder restablezcan el Plan en la Tierra.

XVI

EL VERDADERO SERVICIO A LA JERARQUÍA

Veamos cómo la gente entiende el Servicio al Señor y a la Jerarquía. Aquel que piensa en ascender sólo con oraciones está muy lejos del Servicio. Aquel quien en su trabajo espera poner su mejor esfuerzo para el bien de la Humanidad debe adoptar al Señor en su corazón. Aquel que no renuncia a su comodidad no sabe cómo servir a la Jerarquía. Aquel que no acepta las Indicaciones de la Jerarquía no entiende el Servicio. Sólo cuando el corazón esté listo a aceptar conscientemente la afirmación enviada por la Voluntad Suprema se podrá decir que se ha adoptado la realización del Servicio. Así, a Nosotros no nos gustan los ritos funerarios ni las vacías invocaciones al Señor. En cambio, Nosotros veneramos el esfuerzo de los discípulos al Servicio de la Jerarquía. De aquí que es muy fácil observar como aquel que no acepta el Servicio en espíritu venera al Señor y a la Jerarquía sólo mientras el camino le es conveniente.

Así, Nosotros tomamos en consideración todo esfuerzo para quitarle la carga a la Jerarquía; así como es en lo grande, así es en lo pequeño. Por ello, en Nuestra creatividad, Nosotros afirmamos la veneración no con pala-

bras sino con acciones. Así, Nosotros deploramos cuando vemos reverencia en palabras, pero sin obras.

Jerarquía, aforismo 295
Sociedad de Agni Yoga

Veamos cómo entienden las personas el servicio al Señor y a la Jerarquía. ¿Cómo entienden ustedes el servicio al Señor? ¿Están sirviendo primero al Señor? ¿Quién es el Señor? Ustedes dicen: «Tengo mi bistec, mi radio, mi cerveza, mi sexo. Lo estoy disfrutando. ¿Quién es el Señor?». El Señor no está presente, y la Jerarquía no está presente. Ustedes pueden servir al Señor amándose unos a otros, respetándose altamente unos a otros, humillándose para elevarse mutuamente, inspirándose unos a otros con Bondad, Rectitud, Belleza, haciendo que los demás se esfuercen. Ustedes compran libros y los difunden. Ustedes dan conferencias. Ustedes crean ángeles de los seres humanos; ustedes crean personas eficientes e inteligentes, para que cooperen entre sí y creen movimientos y organizaciones que servirán a la Humanidad para alcanzar la felicidad, la salud y la prosperidad. No es una abstracción. Ustedes deben alcanzar la salud. Cada vez que están curando a alguien, o ayudando a curar a alguien, están sirviendo al Señor porque en ese hombre no existe nada excepto el Señor. Así es como ustedes van a verse unos a otros.

«Oh, fulano está loco. Fulano está sucio. Fulano es muy hermoso. Fulano es muy rico». No es fulano. Es sólo un Señor que vive dentro de ti. Esto es lo que debes lograr. Para lograrlo, vas a destruir millones de barreras, millones de formas de pensamiento, millones de emociones heredadas, tradiciones, etc. Vas a limpiarlo de tu mente. Cuando la computadora está limpia, necesita una nueva programación. Te programas a ti mismo para creer que el Señor está en ti y que en Su Vida vives. En «Él vivimos, nos movemos y tenemos nuestro ser». Si ese Señor se evapora, somos una bolsa de basura. No existe nada más que Él. Esta es la base de todas las leyes, reglas y regulaciones civiles, pero la gente no lo ve. De estos conceptos superiores surgieron nuestras leyes, en la medida en que fuimos capaces de comprenderlas.

¿Cómo estás sirviendo a la Jerarquía? Servir a la Jerarquía significa comprender Su Plan, enseñar Su Plan y trabajar por Su Plan. Por ejemplo, tienes un millón de dólares. Lo guardas en el banco, lo entierras, mueres como un burro y el dinero va a varios lugares. El dinero no te sirvió de nada.

Hoy estás vivo. Pon tu dinero en aquellas organizaciones y actividades que están sirviendo a la Jerarquía. Pon tu energía allí. Pon tu mente allí. Sirve a la Jerarquía. Si sirves a la Jerarquía, estás asumiendo Sus cargas. Necesitan millones y millones de personas para trabajar. Hay sesenta y seis miembros de la Jerarquía ahora en el planeta. Todo aquel que se convierte en un Iniciado de Tercer Grado se convierte en miembro de la Jerarquía. Ellos le enseñan, luego lo convierten en un Iniciado de Cuarto Grado, un Iniciado de Quinto Grado, un Iniciado de Sexto Grado. Finalmente se convierte en alguien en la Humanidad y en la Jerarquía. Tu intención es ser alguien. En la Humanidad brillas con tu sabiduría. Con tu creatividad irradias.

¿Qué es la creatividad? Creas todos esos pasos que llevan a la Humanidad al nivel jerárquico, para iluminarlos, para hacer que realmente se amen unos a otros, para que sean realmente activos y creativos. De esta manera estás ayudando a la Jerarquía. Entonces la Jerarquía no está enviando a Sus Maestros para que vengan y hablen con el grupo, porque el grupo ahora tiene unas cuantas personas que pueden hablar, personas que pueden liderar. De esta manera, les sirves a Ellos ahorrándoles tiempo, energía y aliviando Su carga. Tomas Sus cargas sobre tus hombros. No pidas: «Dios, dame un auto nuevo. Dios, dame una nueva novia». Bien, tenlas, pero ¿luego qué? ¿Qué le estás dando a Dios? Eso es lo que exige la Jerarquía, que penetres en Ella y digas: «Señor, creo que estoy listo». Ellos preguntarán: «¿Cómo estás listo?». «Mi cuerpo está sano. Mis emociones son puras, inclusivas y abarcan todo. Mi mente es aguda y clara. Puedo pensar a la luz de Tu Belleza, Bondad, Verdad. Mi personalidad es educada y disciplinada y tiene todo tipo de etiqueta sutil, armoniosa y hermosa. Ahora creo que estoy listo. ¿Puedo servirte?». Ellos dicen: «Bien, bien, bien. Ven aquí», y te envían a los lugares más desagradables del mundo para poner a prueba tu visión, energía y propósito. Tienes éxito, y luego te elevan, lentamente, lentamente, haciéndote trabajar en los lugares donde necesitan tus oraciones, tus bendiciones, tu luz, tu amor y tu fuerza de voluntad. Ahora has entrado en el primer grado del servicio jerárquico.

Ayer vi a un hombre. Él me trajo un manuscrito. Era intelectual, académico, sofisticado. Lo llamé y le pregunté: «¿Qué es esto?». Me respondió: «Es un trabajo académico, un trabajo intelectual. Es lo que se acepta en las universidades y colegios». Le dije: «Esto no vale ni un centavo. No hay amor en él; no hay luz en él; no hay fuerza de voluntad; no hay realización; no hay dirección; no hay Jerarquía; no hay compasión. ¿Qué es esto? Te estás engañando a ti mismo. Es gimnasia académica. Observa el sufrimiento de la Humanidad. Observa su dolor y sírvelos de verdad». Esa es la dirección jerárquica.

Aquel que piensa en ascender sólo con oraciones está muy lejos del Servicio. Te sientas en la silla y rezas y rezas. ¿Por qué rezas? Dices: «Dame zapatos, dame pantalones, dame éxito, mata a mis enemigos, masacrándolos, y quiero una novia». No reces por otras cosas como: «Haz que me vea a mí mismo». No digas: «Señor, si no estoy en la fila, ponme en la fila». Él te pone en la fila, y odias a Dios porque estás en la fila. Cantas salmos y oraciones y dices: «Estoy sirviendo a Dios». Una vez fui a una reunión de oración. Cincuenta personas estaban orando. Me volví loco. ¿Por qué estás orando? Di: «Dios, muéstrame cómo puedo ayudarte». Esta es la oración. «Muéstrame las formas y los medios por los cuales puedo ayudarte», no «dame algo».

Aquel quien en su trabajo espera poner su mejor esfuerzo para el bien de la Humanidad debe adoptar al Señor en su corazón. Si quieres ayudar, todo lo que hagas físicamente, en tus negocios, en tu conversación, en tus relaciones, en tus vacaciones, debe ser parte del servicio a la Jerarquía, para el bien de la Humanidad. Todo lo que estoy haciendo, todo lo que estoy diciendo, todo lo que estoy sintiendo, todo lo que estoy pensando, todo lo que mi vida en su conjunto es, ¿está ayudando al bien de la Humanidad? Pero para hacer eso debes ser uno en tu corazón con el Señor. Debes sentir tu unidad con Él.

Aquel que no renuncia a su comodidad no sabe cómo servir a la Jerarquía. Lo primero que le gusta a la gente es «mi comodidad» – en el coche, en la estación de tren, en los barcos, en las fiestas, en el baile– «mi comodidad». En tu negocio, en tus acciones creativas, es «mi comodidad». Si no puedes renunciar a tus comodidades y aceptar el dolor, el sufrimiento, la agonía, la batalla, la lucha y el esfuerzo, no puedes servir a la Jerarquía. ¿Por qué? Porque todas estas cosas preparan tus músculos para estar al servicio de la Jerarquía. «Encontré a mi esposa. Mi esposa tiene tanto dinero, y colectivamente tenemos dos o tres millones de dólares. Me sentaré y comenzaré a roncar y seré feliz. Al diablo con todo lo demás». Pero de repente oyes en tu oído: «Mañana te quitarán el alma. ¿Qué beneficio tienes?». Siempre debes vivir en la luz de la muerte. No dije: «con miedo a la muerte», sino: «con la luz de la muerte», que mañana, tal vez en media hora, ya no estarás aquí. No estarás aquí veinticinco años después, diez años después, tal vez cinco años después, así que haz las maletas, prepárate y piensa en el viaje que vas a hacer.

Aquellos que no pueden renunciar a su comodidad no pueden servir a la Humanidad. La comodidad debe ser aplastada si quieres servir. El Gran Sabio dice que «a veces vamos a las ciudades para servir, pero cada noche cambiamos nuestro hábitat para que la gente no nos encuentre, no nos vea». Están incómodos cada minuto por el bien de ayudar al bien de la Humanidad. Es tan hermoso. No te sientas demasiado cómodo. Ocúpate, trabaja, haz algo porque la vida se va. La vida no se va a quedar allí. Lo vi cuando me llevaron al hospital. Me dije a mí mismo: «Te vas». Entonces Dios dijo: «Déjalo quedarse un poco más para sufrir». Dije: «Lo haré». Es muy interesante. Cuando tienes la luz de la muerte en tu conciencia, te comportas. Te vuelves hacia la Jerarquía.

La vida en su conjunto es sufrimiento, es dolor, es destrucción, es guerra. ¿Qué más se puede hacer? En Europa se están matando unos a otros. En Oriente Medio se están masacrando unos a otros. En Sudáfrica están haciendo lo mismo. La situación está en ebullición. ¿Para qué hierve esta olla? Para cocinar el «pilaf», El «pilaf» es la iluminación. El «pilaf» es amarnos y ayudarnos unos a otros. Ése es el «pilaf» que debemos comer. Esto es muy importante para nosotros.

Un hombre vino a Cristo. Cristo le preguntó: «¿Por qué no viniste ayer a la reunión?». El hombre dijo: «Mi padre murió y lo enterré». Cristo le preguntó a otro hombre: «¿Por qué no viniste a la reunión?». «Oh, me estaba casando». «¿Por qué no viniste a la reunión?». «Estaba viendo la televisión». «¿Por qué no viniste a la reunión?». «Tenía transacciones comerciales. Estaba firmando un contrato». «¿Por qué no viniste a la reunión?». «Estaba amando a mi esposa». «Ah», preguntó: «¿esto es lo que es el discipulado? ¿Esto es lo que es la membresía? Ve, no quiero verte porque estás ocupado con las cosas que no te llevan a la vida. Estás ocupado con las cosas que te llevan a la muerte, a la destrucción». Ese es el mensaje.

Aquel que no acepta las Indicaciones de la Jerarquía no entiende el Servicio. ¿Cuál es la indicación de la Jerarquía? Está escrita en *La Exteriorización de la Jerarquía*, *Iniciación Humana y Solar*, y en *Supramundano*, Volúmenes I y II, y en grandes eventos que presenciamos. Por ejemplo, de repente una nación es destruida. Vimos un gran evento en este siglo. Después de setenta años una nación muy poderosa colapsó. ¿Cómo sucedió? Fue por la corrupción. Si estuvieran en la línea Jerárquica, serían una super, superpotencia. Engañaron, mataron, se destruyeron unos a otros por debajo. Destruyeron a la gente. Manipularon al mundo. No había base moral. La base moral es el Plan Jerárquico. Si estás destruyendo a la gente, no puedes sobrevivir. La base moral se evapora, y si el fundamento desaparece, todo lo demás se derrumba. Las indicaciones las puedes ver, pero las indicaciones son diferentes para ti. Por ejemplo, tienes la sensación de que debes ayudar, de que debes enseñar, de que debes dedicarte, de que debes ofrecer, de que debes sacrificarte. Estas indicaciones te llegan y tú escuchas o no escuchas.

Una vez me invitaron a una organización para ayudar a recaudar dinero. No conocía la organización, pero dije que haría lo mejor que pudiera porque creían que yo podía hacer algo. Hablé muy bien. Le expliqué a la gente lo que se necesitaba. Ese día recaudamos cuarenta mil dólares. Había ochenta o noventa personas. Una señora me miró y sacó su chequera. Empezó a escribir, luego se detuvo y cerró su chequera. «Señora», le dije, «no deje que Satanás le tome la mano». Es muy psicológico, muy dramático. Ella tenía una *indicación* de que debía ayudar, y en esa ayuda llegó otra influencia que le dijo: «No ayudes». Satanás le tomó la mano. Así que *las indicaciones* son muchas: algunas emociones, algunas inspiraciones, algunas impresiones, algunos mensajes telepáticos, algunos sentimientos de que debes hacer algo. Hazlo. Si no sigues esta indicación, otras indicaciones ya no te llegan.

Sólo cuando el corazón esté listo a aceptar conscientemente la afirmación enviada por la Voluntad Suprema se podrá decir que se ha adoptado la realización del Servicio. La forma del servicio, en esencia, nos la da la Voluntad Suprema. Cuando estamos dispuestos en nuestro corazón y nos dedicamos conscientemente a ese servicio, entonces sentimos que nuestro servicio es afirmado por la Jerarquía.

Así, a Nosotros no nos gustan los ritos funerarios ni las vacías invocaciones al Señor. La Jerarquía no puede dejarse impresionar por nada que sea superficial. Debe surgir de todo nuestro ser y de todo nuestro corazón si queremos que la Jerarquía lo acepte.

En cambio, Nosotros veneramos el esfuerzo de los discípulos al Servicio de la Jerarquía. Veneración significa que Ellos envían energía y nos ayudan a cumplir con nuestras obligaciones en el servicio.

De aquí que es muy fácil observar como aquel que no acepta el Servicio en espíritu venera al Señor y a la Jerarquía sólo mientras el camino le es conveniente. Si uno no puede aceptar el servicio en espíritu, ¿cómo puede venerar al Señor y a la Jerarquía? Sólo mediante el servicio podemos expresar nuestro respeto y amor al Señor y a la Jerarquía. Muchas personas, que viven en la comodidad, piensan que están sirviendo a la Jerarquía, cuando en realidad sólo están haciendo cosas que les resultan convenientes.

Así, Nosotros tomamos en consideración todo esfuerzo para quitarle la carga a la Jerarquía; así como es en lo grande, así es en lo pequeño. La Jerarquía toma en cuenta todas las acciones que se realizan para quitarle la carga a la Jerarquía, sin importar si su servicio es grande o pequeño. Incluso un vaso de agua dado a un hombre sediento es observado. Incluso unas pocas palabras de consuelo a un hombre que sufre son consideradas. No hay servicio grande o pequeño. Sólo el motivo detrás del servicio es importante. Todo lo que hacemos debe ser hecho para el servicio del Señor. Incluso si escribes una carta con todo tu corazón, es un servicio. Mucha gente trata de ayudar a la gente a dejar de fumar, doparse, etc.

Esto es un servicio. Un servicio aún más elevado es limpiar los espejismos, las ilusiones, los odios y los temores de la gente.

Por ello, en Nuestra creatividad, Nosotros afirmamos la veneración no con palabras sino con acciones. La creatividad de la Jerarquía consiste en servir a las múltiples necesidades de la Humanidad. Toda ayuda brindada es un proceso creativo que evoca el impulso de superar las dificultades y allanar el camino para el avance futuro.

Así, Nosotros deploramos cuando vemos reverencia en palabras, pero sin obras. La Jerarquía es un centro de acciones positivas para servir a la Humanidad y a los reinos inferiores.

* * *

Pregunta: *Si me veo como un mono con una gran cola, dices que estoy condenado porque acepto eso de mí mismo. ¿Crees también que tienes que verte como eres para poder pasar al siguiente paso?*

Respuesta: Hay dos aspectos. Comenté sólo uno. Si ves que eres un mono, si te apegas a ese mono y decides vivir como un mono, puedes hacerlo individualmente o la sociedad en su conjunto. Es muy difícil separar a ese mono de tu Ser Real. Necesitas disciplina psicológica, educativa, religiosa y espiritual para poder tomar ese mono y enterrarlo y emanciparte.

El otro lado es que puedes identificarte con el ángel que hay en ti. Tienes un ángel. Te identificas con ese ángel. Te esfuerzas por ser ese ángel y vives en la sociedad como una energía benévola, como una fuente de belleza, rectitud y creatividad. Ésa es la segunda cara. ¿Con qué lado te identificas: con el lado del mono o con el lado del ángel? Puedes desapegarte del mono leyendo, meditando y viendo una imagen diferente de la que tienes. Incluso puedes ir al pasado y ver cuándo te identificaste con tu ángel, y fortalecer esa identificación de modo que debilites la identificación con el mono. De esta manera puedes elevarte, pero debes tener un maestro, debes tener amigos que estén en el camino de renunciar a sus monos y convertirse en seres humanos.

Identificarte con tu «ángel», tus visiones o ideal también es muy peligroso en el sentido de que pierdes tu normalidad o equilibrio, tu sentido de la proporción. A veces, tu cuerpo, tus emociones, tu mente se ven devastados al intentar hacer realidad su «ideal» en la sociedad y en la época en que vive.

La identificación con el ideal requiere un proceso gradual y, con cada paso, se debe demostrar la realización. Si no se hace esto, de repente te das cuenta de que muchos puentes en el camino no existen y no puedes ser normal ni alcanzar tu naturaleza ideal.

El ideal te come, te devora, y te conviertes en un «ideal» que se para en la calle y grita: «Yo soy el Mesías», o alguien que emprende actividades para demostrar que es alguien sin tener fundamentos. Éstas son enfermedades mentales y deben manejarse con sabiduría.

Por otro lado, la identificación con el mono te convierte en un «mono» y no te permite crecer, o el mono dentro de ti se convierte en la fuente de interminables problemas en la sociedad.

Estos tres vehículos son de una sola naturaleza, como decimos, por ejemplo, «Padre, Hijo y Espíritu Santo». Son tres aspectos de un solo Dios. También podemos decir que estos tres aspectos son de una sola manifestación, pero funcionan en diferentes etapas evolutivas y finalmente se convierten en uno. Se sintetizan.

El Gran Sabio dice:

> *En el poderoso cambio de las naciones, ¿cuál podrá ser la manifestación salvadora? ¿Qué más podrá proveer la dirección al Bien sino el camino hacia la Jerarquía? Cuando el espíritu de la Humanidad se hunde en los estratos inferiores, ¿qué podrá llevarla a una comprensión superior sino la adherencia a la Jerarquía?...*[15]

Pregunta: *La Jerarquía está elaborando un Plan, cuya aplicación nos permitirá lograr cierta comprensión del Propósito de Shamballa. ¿Es correcto?*

Respuesta: Sí, lo es. La Jerarquía toma las corrientes de energía de Shamballa y las interpreta para nosotros y las traduce para la Humanidad. En realidad, el Plan es la traducción del Propósito para la Humanidad. La Jerarquía toma parte del Propósito, que tiene una relación inmediata con nuestro ciclo y evolución, y construye un Plan en la sustancia intuitiva. Así, el Plan es sustancial y altamente tangible para aquellos cuya conciencia funciona en el Plano Intuicional.

Cada parte del Plan puede traducirse de siete maneras para satisfacer las necesidades de los siete campos del trabajo humano. Cada parte del Plan se sintetiza y su aplicación nos lleva a la síntesis de estos siete campos.

Así, se puede decir que el propósito del Plan es crear síntesis mediante la aplicación de nuevas ideas de progreso en los siete campos.

15. Sociedad Agni Yoga, *Jerarquía*, afor. 441.

XVII

VANGUARDIAS DE LA HUMANIDAD

«La existencia de la Jerarquía es el fundamento de toda la vida».[16]

«Se puede ver fácilmente cómo los devotos de la Jerarquía se enriquecieron con valores verdaderos».[17]

«...el ancla para la salvación es el foco de la Jerarquía».[18]

A veces debes leer estas palabras y aprenderlas de memoria para que las repitas en tu conciencia, porque al repetirlas en tu conciencia, de manera audible o inaudible, penetran en tus huesos. Luego penetran en tu conciencia, y luego van a tu conciencia superior, y finalmente controlan e iluminan tu vida. Por eso dicen que a veces aprendas algunas frases y las repitas. Por ejemplo, había una señora que siempre estaba deprimida por alguna razón. Dije: «Repite siempre el mantra ‹Más radiante que el sol›». Cuando hizo esto durante uno o dos meses, pudo controlar su depresión.

---

16. Sociedad Agni Yoga, *Jerarquía*, afor. 212.
17. *Ibíd.*, afor. 266.
18. *Ibíd.*, afor. 315.

Esotéricamente, la palabra «Jerarquía» significa el grupo de Iniciados que dedicaron su vida a mejorar las condiciones humanas y conducir a la Humanidad hacia la perfección. Si ves personas o líderes o santos o sabios cuya intención principal es mejorar la vida, no solo en un área, no solo en dos áreas, sino en todas las áreas, para que las personas se sientan felices, saludables, prósperas, iluminadas y progresistas, entonces son Iniciados.

Los iniciados son aquellos que siempre están mejorando su vida. Eso es lo que significa la iniciación. Si tienes una conciencia que es de una yarda, cuando se convierte en dos yardas eres un Iniciado. Si estás entendiendo la vida un uno por ciento y de repente empiezas a entender la vida un noventa por ciento, eres un Iniciado. También eres un Iniciado cuando poco a poco empiezas a ver lo atrasado que eres, los fracasos que tienes, cómo te estás derrotando a ti mismo y a tu propósito en la vida. Eso también es expansión de la conciencia porque si tu conciencia no está expandida, puedes verte a ti mismo como un rey, como una reina, como un gran sabio, pero una vez que la luz aumenta en ti, te ves a ti mismo exactamente como eres.

Esto es muy importante para cada uno de nosotros porque en el camino de la Jerarquía no podemos llevar con nosotros la basura que somos o tenemos. Cada minuto debemos botar esa basura y debemos deshacernos de la basura que nos carga física, emocional y mentalmente. Los iniciados son aquellas personas que continuamente se deshacen de las imperfecciones o impedimentos que tienen en su naturaleza. Son aquellos que están superando sus limitaciones e iluminándose. Así, poco a poco, se van convirtiendo en parte de la Jerarquía.

Los miembros de la Jerarquía son los frutos de la evolución. La Jerarquía se basa en la Ley de Evolución Espiritual. Nuestra esencia gana experiencia, conocimiento e iluminación a medida que pasan los días, los años y las vidas. Por ejemplo, cuando tenías quince años, hiciste muchas cosas. Luego, más tarde, te diste cuenta de que algunas de ellas estaban mal. Ahora te estás dando cuenta de que no debes repetirlas. En el pasado, tuviste un poco de experiencia, por ejemplo, en el matrimonio, en el liderazgo, en muchos, muchos campos del trabajo humano. Tuviste algunas experiencias, pero a medida que pasaron los años, tu experiencia aumentó, tu conocimiento se profundizó, el campo de tu iluminación se expandió. Si todo esto se repite durante veinte años, cincuenta años, setenta años, setenta vidas, quinientas vidas, tu vida se vuelve muy rica. Tu conocimiento se acumula en tu alma, al igual que en una computadora, y te conviertes en una fuente de conocimiento, experiencia y guía.

Alcanzas la iluminación cuando te ves a ti mismo y a la vida exactamente como son. Esto es la iluminación. No llega de repente, como si entraras en la luz y te volvieras radiactivo. La iluminación es gradual y acumulativa. Empiezas a ver tu rostro, tu corazón, tu mente, tus intenciones, tus motivaciones tal como son. Cuando las ves como son, alcanzas un tipo diferente de iluminación. Después de verte a ti mismo, empiezas a ver a los demás. Esto es muy importante porque si empiezas a ver a los demás antes de empezar a verte a ti mismo, te vuelves crítico, calumnioso, orgulloso, etc.

Es muy interesante que la mayoría de la Humanidad piense de otra manera que no es, piense de manera diferente a como es. Piensan que son médicos, abogados, curanderos, etc. Pero si los sacudes y ves realmente su esencia, no puedes encontrar nada allí o muy poco. Ese algo es su ser real o lo que son exactamente, física, emocional y mentalmente, es lo que van a descubrir. A menos que uno descubra lo que es, no hay progreso para él. Esto se debe a que lo que eres es la base sobre la que construyes tu futuro. Lo que no eres es como la arena sobre la que construyes tu mansión, y al final se derrumba.

El primer paso esencial es esforzarse por ser parte de la Jerarquía a través de la iluminación. Ilumínate por los demás. Aumenta tu conocimiento y especialmente tu experiencia. El conocimiento no es experiencia. Puedes saber cómo funciona esta máquina, pero cuando te digo que la arregles, no puedes repararla. La experiencia es un poco más elevada que el conocimiento. A veces, incluso la experiencia reemplaza al conocimiento. Aquellos que están en el camino que lleva hacia la Jerarquía son personas que, año tras año, vida tras vida, ciclo tras ciclo, están aumentando su iluminación, su conocimiento y su experiencia. Cuando esto continúa año tras año, en comparación con aquellas personas que no se están esforzando, te conviertes en un gigante. Estos gigantes son los miembros de la Jerarquía.

Por ejemplo, tienes un niño en edad escolar que está aprendiendo el abecedario de las matemáticas. Luego tienes a Einstein, Edison, Tesla, Marconi y Grandes Seres, que son maestros en comparación con estos niños. Llegará un momento en el que finalmente te verás en una madurez relativa, lo que la gente llama perfección. No existe una madurez definitiva en el Universo. La madurez es algo relativo. Incluso si te conviertes en un Maestro y comienzas a mirar hacia el Universo, te sentirás como un bebé. Pero tenemos grados de madurez para los que te vas a preparar.

Estas experiencias, conocimientos e iluminación se multiplican si no malgastamos nuestro tiempo y energía en cosas no esenciales, sino que vivimos y trabajamos por lo más esencial. Por supuesto, la vida nos pone en condiciones y situaciones en las que, nos guste o no, aprendemos. Aprendes de tus fracasos, de tus derrotas, de los libros, de las universidades, de tu maestro, de tus amigos, de tu madre y tu padre, etcétera. Aprendes, pero es un aprendizaje contundente.

¿Cuál es la mejor manera de aprender? Primero, lentamente, elimina de tu vida todas aquellas acciones que te hacen perder el tiempo porque no son esenciales, y segundo, enfoca tu vida lentamente, lentamente, en lo más esencial. Por ejemplo, un hombre estaba trabajando en un puesto alto. Cuando tenía sesenta y cinco años se preguntó: «¿Qué estoy haciendo? Día y noche, ocho horas, diez horas, quince horas, estoy perdiendo mi tiempo por un poco de dinero, por una pequeña empresa». Finalmente, dimitió y concentró toda su atención, todo su trabajo en cómo perfeccionarse y servir a la gente. Escogió el camino que conduce a lo más esencial.

En tu vida encontrarás millones de cosas tanto esenciales como no esenciales, pero cuando empiezas a dedicar tu vida a lo más esencial, ese es el momento en que asimilas tus experiencias, tus conocimientos, tu iluminación y te conviertes en parte de la Jerarquía.

Si realmente te amas a ti mismo, trabajarás por lo más esencial. Por ejemplo, tienes 500 botellas de agua. La mayoría de ellas están contaminadas, pero una o dos de ellas no lo están. Si te amas a ti mismo, no tengas prisa por ir a beber agua contaminada. Espera un poco. Discrimina y elige la botella que tenga agua pura. Cuando encuentres la botella que sea pura, bébela. Esto es discriminación. También puedes hacer esto con tus pensamientos. ¿Qué pensamientos son realmente buenos, beneficiosos, puros, limpios, hermosos y cuáles no? Elige pensamientos realmente puros, emociones puras, acciones puras, relaciones puras y hermosas. ¿Qué estás haciendo? Estás discriminando y descubriendo lo más esencial en tu vida. Cuando pierdes lo más esencial y comienzas a correr detrás de lo no esencial, cometes un crimen contra la Ley de la Economía.

Tu tiempo, tu energía, tu vida son tesoros, y si estás desperdiciando tu vida, tu energía, tu mente, tu corazón, tu cuerpo, significa que no te amas a ti mismo. En una comprensión correcta, debes amarte a ti mismo, pero no a expensas de los demás. Debes amarte a ti mismo para guiarte en la dirección correcta. Cuando te amas a ti mismo, haces todo lo posible para que tu cuerpo esté sano, tus emociones sean puras y tu mente creativa. ¿Cómo puedes amarte a ti mismo si permites que estos tres cuerpos actúen en contra de tu progreso? Quieres cuidar tu cuerpo porque amas a tu cuerpo. Quieres cuidar tu corazón y tu mente porque si pierdes tu corazón y tu mente, lo has perdido todo. Si pierdes tu corazón, has perdido tu vida. Cuidas estas cosas porque las amas, y cuando las amas, tus experiencias pasadas, tu iluminación y tu conocimiento se utilizan para guiar a tu cuerpo, tus emociones y tu mente en la dirección correcta.

Aquellos que se esfuerzan y alcanzan una experiencia, un conocimiento y una iluminación más profundos se convierten en los maestros y líderes de la Humani-

dad. Esto es muy obvio. Algunas personas son como el ganado. Algunas personas están guiando al ganado. Tenemos vaqueros que están guiando al ganado. Qué hermoso paisaje es ver a los vaqueros guiando al ganado. Ellos guían al ganado porque se volvieron humanos. Ya no son parte del ganado. Hay otros que son dueños de los vaqueros y del ganado. Ustedes van a avanzar de modo que no se queden sentados allí, sino que guíen al ganado. ¿Cómo guían al ganado? Cuando aumentan su conocimiento, iluminación y experiencias, les guste o no, se convierten en líderes por el hecho de su conocimiento, experiencia e iluminación. Incluso si no tienen ningún grupo o personas con quienes hablar y relacionarse, su mente irradia liderazgo, lo que significa proporcionar luz, amor y energía para que otros avancen. Esto es liderazgo.

Cuando decimos «liderazgo», entendemos que nos referimos a un hombre que se pone al frente de un ejército y dice: «Derecha, izquierda, adelante». Tenemos ese tipo de liderazgo. Incluso ese liderazgo es valioso porque uno se gradúa de las filas de los soldados y se convierte en líder allí. Luego se convierte en sargento y así sucesivamente. El liderazgo se basa en asimilar tu conocimiento, experiencia e iluminación.

La gente debe conocer la Jerarquía. Sé que algunos de ustedes han oído hablar de ella. En comparación con el reino animal, ustedes son la Jerarquía. En comparación con la Jerarquía, nosotros somos ganado. En comparación con la Jerarquía galáctica, nuestra Jerarquía es como el primer grado. Hay una escalera por la que estamos subiendo, y esta escalera debe ser subida si queremos traer Belleza, Bondad, Rectitud, Alegría y Libertad a la Humanidad.

¿Ves lo hermoso que es cuando nuestros hijos, desde el principio, se dan cuenta de que son preciosos, de que tienen muchos recursos: físicos, emocionales, mentales, monetarios y de posición, y que estos recursos deben utilizarse para lo más esencial? Lo más esencial es ser un líder para guiar a la Humanidad, para mejorar la vida, para curar enfermedades, para eliminar la contaminación. Ese es el trabajo de la Jerarquía. El trabajo de la Jerarquía no es ir al Himalaya y vivir en cuevas. Todo aquel que está haciendo un gran trabajo para mejorar la vida y la vida de las personas es parte y miembro de la Jerarquía. Ten un poco más de confianza en ti mismo y una mayor apreciación de ti mismo porque ya te has graduado de los reinos mineral y vegetal. Ya no eres un repollo. Vienes del reino animal. Quién sabe qué animales éramos. Finalmente, nos graduamos y nos iniciamos en el reino humano. Aquí vemos exactamente lo que fue nuestro pasado y lo que puede ser nuestro futuro.

Los miembros de la Jerarquía son aquellos individuos que a lo largo de millones de años se adelantaron y se convirtieron en la vanguardia de la Humanidad. No son personas misteriosas que aparecen y desaparecen o viven aquí y allá. Son verdaderas vanguardias, lo que significa autoridades: autoridades en el campo político, en el campo educativo, en el campo de la comunicación, la ciencia, el arte, la religión y las finanzas. Son autoridades graduadas. Por ejemplo, si preguntas: «¿Qué podemos hacer para cambiar la educación?» y tienes un contacto con la Jerarquía, el departamento educativo de la Jerarquía iluminará tu mente y dirás: «La educación en los Estados Unidos y la educación en el mundo son grandes fracasos. Haga esto, esto, esto, para cambiar la situación». Son autoridades, pero no nos imponen Su conocimiento, experiencia e iluminación. Quieren que crezcamos y seamos capaces de comunicarnos con Ellos para que nos den Su conocimiento, experiencia e iluminación.

¿En qué se basan sus conocimientos y experiencias? Su conocimiento y experiencia se basa en millones de años de trabajo. Están haciendo el trabajo y aprendiendo. Están sufriendo, se están dedicando, se están sacrificando. Finalmente, están madurando. Esperan que vayamos y tomemos su regalo. En realidad, toda su radiación y formas de pensamiento, sus intenciones y planes están flotando en el espacio porque piensan. Siempre que piensas, transmites tu pensamiento automáticamente. Es muy importante saber esto. Siempre que piensas, transmites tu conocimiento, tu pensamiento, tu interpretación, tu plan, tu intención, tus motivos al espacio. Si construyes tu radio o antena psíquica, los captarás. ¿Por qué? Las ideas, las visiones y el gran conocimiento no nos pertenecen. Están en el espacio. Los traemos, los enfocamos en escritos, en música, en liderazgo. Están ahí. La gente debe avanzar a través de la meditación, la dedicación, la devoción y una vida de sacrificio y eventualmente hacer un avance hacia esa «nube de conocimiento», experiencia e iluminación y, lentamente, lentamente, comenzar a recogerlos y traerlos a la tierra.

Mientras conducía hacia Los Ángeles, estaba sintonizando una emisora de radio que estaba muy lejos. La emisora tenía mucha interferencia. Dije: «Quiero sintonizar esa emisora». Diez millas más adelante, la interferencia no era tan fuerte. Quince millas más adelante, la emisora estaba despejada. Aprendí algo: a medida que avanzamos hacia la emisora de la luz, la emisora de la experiencia, recibimos mejores mensajes.

Te conviertes en un líder, en una vanguardia automáticamente a medida que aumentas tu conocimiento, tu experiencia y tu iluminación. Aquellos que están iluminados y llenos de conocimiento y experiencia nunca buscan posiciones. Buscar una posición es una señal de que no tienes esa experiencia, ese conocimiento, esa iluminación. La gente vendrá a tus pies y te dirá: «Por favor, ven y sé nuestro líder», porque estás listo, y la gente está buscando líderes, a las vanguardias de la Humanidad. La Jerarquía es la vanguardia de la Humanidad.

Todos los grandes líderes, santos y sabios de la Humanidad son miembros de la Jerarquía. No se toman en cuenta raza, color, sexo, nacionalidad, religión. En la Jerarquía se nos dice que hay negros, hay blancos, hay amarillos; de todas las religiones, de todas las razas, de todas las nacionalidades, de todos los sexos. A veces la gente piensa que cuando hablamos de los Maestros, estamos hablando de hombres. Hay muchas mujeres en la Jerarquía. Se puede ver en el mundo cómo las mujeres están haciendo grandes avances y alcanzando posiciones cada vez más altas. Pero ¿quiénes son estas personas que están alcanzando posiciones más altas? Son aquellas que en algún grado están eligiendo lo más esencial de la vida, en lugar de perder su tiempo en cosas no esenciales.

La Jerarquía se divide en siete grupos principales, a los que llamamos Ashrams. En cada grupo se puede encontrar un ser muy elevado. En la Humanidad tenemos siete campos de actividad humana que corresponden a estos siete Ashrams: política, educación, comunicación, arte, ciencia, religión y finanzas. Estos siete Ashrams son centrales eléctricas, estaciones de radio, que cada minuto irradian pensamientos y orientación a la Humanidad a través de estos siete campos. Aquellos en estos siete campos que son sensibles a Sus pensamientos y direcciones traen cambios a sus respectivos campos.

Si en el gobierno tuvieras a diez personas que realmente se centraran en la Jerarquía, la verdadera política empezaría a surgir. Pensarían: «¿Por qué estamos aquí? ¿Cuál es nuestra posición? ¿Cuál es nuestro deber y responsabilidad?». La Jerarquía está aquí. El tesoro está aquí. Sólo tú te vas a acercar a la Jerarquía y te vas a volver súper sensible para recibir Su guía de manera clara y telepática. Después de recibir las ideas de la Jerarquía, te vas a preguntar: «¿Puedo realmente aplicar todas estas ideas en mi entorno? ¿Cuál es la situación política y económica; cuáles son las dificultades y los obstáculos; cuáles son las fuerzas opuestas que pueden reaccionar si empiezo algo que la Humanidad no está preparada para asimilar?».

¿Cómo te acercas a la Jerarquía? ¿Cómo te acercas a ella? Lo más importante es la purificación, la purificación de tu mente y de tu corazón. Y así, poco a poco, te acercas a la Jerarquía.

Cada uno de los siete grupos de la Jerarquía tiene grupos subsidiarios, o sub-Ashrams, que forman una entidad de cuarenta y nueve Ashrams. Los sub-Ashrams tienen un Iniciado de Quinto Grado. Un Iniciado de Quinto Grado es un hombre o una mujer que es conscientemente inmortal. Él o Ella ya no pueden morir. Él o Ella puede o no vivir en un cuerpo físico.

También están los llamados Tres Cabezas de la Jerarquía, quienes coordinan toda la labor de la Jerarquía. Uno de ellos se llama el Manu, otro es el Cristo y el tercero es llamado el Señor de la Civilización. El Manu trabaja en el Primer Rayo, el Cristo trabaja en el Segundo Rayo de Amor-Sabiduría y el Señor de la Civilización trabaja en los Rayos Tercero, Cuarto, Quinto, Sexto y Séptimo. En realidad, toda la Jerarquía es el Ashram de ese Gran Ser que se llama el Señor de Shamballa.

En cada uno de los siete Ashrams principales hay un Chohan, Uno que está tan avanzado que su conocimiento, experiencia e iluminación han comenzado a penetrar más allá de este planeta. Desde esa posición elevada, Él mira hacia abajo con profunda compasión a esta vida y piensa: «Cuánto debe cambiarse la vida, cómo debe purificarse esta contaminación, cómo debe limpiarse esta animosidad, odio y miedo en la Humanidad».

Estaba viendo la televisión y el locutor dijo que en Europa llegó la lluvia e inundó muchos, muchos campos y muchas, muchas ciudades con contaminación radiactiva. Los campos que estaban cubiertos de agua no producirán frutos, no producirán verduras durante muchos, muchos años, o si crecen, estarán contaminados. ¿Qué estamos haciendo? ¿Cómo empezamos a limpiar la contaminación? ¿Cómo podemos detener los humos que salen de las fábricas y los automóviles? Estamos en una trampa. Si detenemos los automóviles, millones de personas no tendrán un salario. Si no tienen un salario, aumentará el crimen. Nos hemos atrapado a nosotros mismos y nos hemos metido en una trampa y estamos pensando: ¿cómo escapamos de la trampa? No podemos romperla con nuestro propio pensamiento. Necesitamos la ayuda de la Jerarquía.

Si te elevas hacia la Jerarquía, Ellos te darán los medios y las maneras por las cuales puedes escapar de esa trampa. Esos grandes seres que están más allá de nuestro conocimiento planetario, nuestra experiencia y nuestra iluminación saben más que nosotros. Al pensar en la Jerarquía, al enfocarte en ella, realmente preparas tu vida para que sea beneficiosa para la Humanidad.

A la cabeza de cada Ashram tenemos un Maestro, un Iniciado de Quinto Grado y un sustituto de ese Iniciado. Por ejemplo, en el caso de Alice A. Bailey, el sub-ashram era el Ashram del Maestro Tibetano, y Alice Bailey, aunque estaba viva, trabajaba en este reino superior como sustituta del Maestro tibetano.

* * *

Pregunta: *Hay siete Ashrams principales y siete debajo de cada uno. ¿Cuáles son las responsabilidades de los siete debajo de los siete?*

Respuesta: Los siete Ashrams principales dirigen el trabajo de sus sub-ashrams correspondientes. Hay algo muy hermoso aquí. Cada Ashram principal trabaja en uno de los Siete Rayos, y cada Ashram principal se divide en siete, lo que significa que el Rayo bajo el cual trabaja el Ashram se divide en siete sub-Rayos a través de sus miembros, quienes están acostumbrados a satisfacer las diversas necesidades en los sub-Ashrams.

Cada Ashram importante tiene un departamento que se dedica al progreso y bienestar humanos y un departamento que recibe impresiones de Shamballa y las transmite a la Jerarquía, para que ésta a su vez las transmita a la Humanidad. Los siete campos son la política, la educación, la comunicación, las artes, la ciencia, la religión y las finanzas.

Por ejemplo, allí hay financieros. ¿Quiénes son los financieros? Son esos Maestros que trabajaron con el dinero, con la economía durante cientos de vidas. ¿Qué esperas de ellos? Su ordenador está lleno de programas. Están dispuestos a decirte lo que debes hacer y lo que no debes hacer. Este país, aquel país, esta ciudad, aquella ciudad se está yendo a la quiebra, lo cual es el fracaso de la economía, el fracaso de la gente que está trabajando en ese campo. Siempre que tienes un fracaso, como instinto humano dices: «No tuve éxito debido a esta o aquella condición, debido a aquella situación», pero nunca dices: «Es debido a mi ignorancia».

Pregunta: *Usted ha dicho que Alice Bailey es una sustituta del Maestro tibetano. ¿Existen sustitutas en el mundo actual a las que podamos reconocer? ¿Cómo podemos reconocer su trabajo?*

Respuesta: Nosotros los reconocemos como dijo Cristo: «Por sus frutos los reconoceréis». Si un hombre viene y dice: «Yo soy un Cristo», mi primera pregunta es: «¿Qué hiciste por la Humanidad?». «Nada». «¡Bien!». Los sustitutos son aquellas personas que en ausencia de los Maestros toman el control. Cada Ashram es un laboratorio, es un taller, con planes y propósitos. Debe haber un líder allí para dirigirlos. Cuando el Maestro está en otros planetas o haciendo algo, un sustituto toma el control. Es una posición de grado muy avanzado. Estar en el nivel humano y, mientras tanto, tener una parte de tu emisora de radio, tu emisora psíquica, en otro lugar no es un trabajo fácil. Por ejemplo, yo estoy hablando aquí y mientras tanto, si soy un Maestro, si soy un Ser muy avanzado, puedo comunicarme con Ellos al mismo tiempo.

A veces nos sucede esto. Mientras leemos pensamos en alguien o en algo. Nuestro mecanismo mental puede utilizarse para diversos trabajos si actuamos como Almas. El Gran Sabio habla de la divisibilidad del espíritu, es decir, que puedes dividir tu propio Ser y estar en diversos lugares al mismo tiempo para diversos deberes o responsabilidades. Hay Quienes, durante sus deberes diarios, actúan también en Planos Superiores.

Pregunta: *Si alguien piensa que es un Cristo, ¿alguna vez estuvo buscando la Jerarquía?*

Respuesta: Son enfermos mentales y, debido a su trastorno mental, creen que son Cristo. No los critiquemos demasiado. Nos compadecemos de ellos. Son personas que deben ir a hospitales psiquiátricos y limpiarse. A veces, si les decimos que no son Cristo, morirán inmediatamente porque ese conocimiento los está atando a esta vida. Es una situación lamentable, pero eso no es lo importante. Lo importante es que a menudo nos encontramos en esa situación y no lo vemos. Una señora viene y dice: «Me duele la cabeza». «Oh, tómate una aspirina», le dices, y te conviertes en médico. ¿Quién sabe? Tal vez la aspirina la mate.

Un Iniciado es una persona cuyos cuerpos etérico y físico están purificados. Su corazón está lleno de compasión e inofensividad. Su mente está iluminada y toda Su vida está dedicada a mejorar la vida del planeta. El grado de purificación, compasión, trabajo e iluminación es el grado de Su iniciación.

La Jerarquía tiene tres servicios principales:

- Iluminar la mente humana y conducir a la Humanidad hacia la cooperación a través de la compasión.
- Construir un puente entre la Humanidad, la Jerarquía y Shamballa.
- Proteger a la Humanidad del mal cósmico y permitir que su alma progrese.

La Jerarquía, a través de sus discípulos e iniciados, trata de guiar a la Humanidad en sus siete campos de trabajo. Estos discípulos e iniciados son enviados en grupos a muchas naciones y países para ayudar a la Humanidad a avanzar. Hablan de los mismos principios utilizando diversos lenguajes y formas, pero su mensaje es uno solo.

En la historia de la Humanidad vemos a diferentes grupos de personas o individuos actuando como grupos en diferentes países. Escriben y hablan sobre los mismos principios. Incluso hacen los mismos descubrimientos por su cuenta. La Jerarquía envía a Sus discípulos a varias naciones para que sean la levadura de toda la Humanidad.

Estos grupos pueden estar en cualquier campo, según la necesidad actual del mundo. Algunos de ellos limpian y preparan el terreno, otros construyen y otros vienen y utilizan los edificios o mecanismos creados. Luego, los grupos se organizan y trabajan según un plan establecido para facilitar el trabajo de los demás. Aun así, hay grupos en cada nación que corrigen los errores de grupos pasados. Esos errores ocurren por ataques de fuerzas oscuras o a condiciones complicadas existentes.

Otros grupos vienen y extraen más energía de la Jerarquía para abrirse paso en las formas mentales, emocionales y físicas que se cristalizan. Los historiadores se divertirán estudiando este fenómeno grupal.

La Jerarquía intenta promover a sus discípulos a los Ashrams para que estén mejor preparados para el servicio del futuro. La promoción a menudo ocurre en la luna llena, especialmente en la luna llena de Tauro[19]. La

19. Véase *Sinfonía del Zodíaco*, cap. 5.

Humanidad tiene cada vez más necesidad de Grandes Servidores a medida que sus problemas aumentan en volumen e intensidad.

La Jerarquía prepara a quienes, entre sus filas, están listos para pasar a Shamballa, al Hogar del Padre, para ocuparse del trabajo y los problemas interplanetarios. Se nos dice que en el momento de tales acontecimientos se celebran grandes ceremonias y su influencia llega a la orilla humana con olas benévolas.

La Jerarquía del globo está relacionada con la Jerarquía mayor que existe en Sirio. Nuestra Jerarquía recibe su dirección, energía y visión de la «Logia Blanca de Sirio».

Quienes deseen ponerse en contacto con la Jerarquía pueden hacerlo viviendo una vida de meditación, estudio, servicio sacrificial, abnegación y gratitud. Éstos son los cinco pasos que siempre se dan en la Sabiduría Eterna.

• ***Meditación.*** Aprende y practica la meditación todos los días, despacio, poco a poco, tengas tiempo o no, porque la meditación es una de las cosas más esenciales. La meditación es pensamiento científico, pensamiento equilibrado, pensamiento que se basa en la medida.

• ***Estudiar.*** Una vez más, tenemos lo más esencial. Pregúntate: ¿Qué estoy leyendo? ¿Qué están leyendo nuestros adolescentes? ¿Qué está leyendo la gente? Vas a hacer una distinción clara en su lectura porque el tiempo se va, su energía se va, su cerebro se va, su computadora se está cansando. ¿Qué está leyendo y estudiando? A veces hacemos hincapié en la lectura, en leer de esta manera, en leer de esa manera, pero leer no es nada. Puedes leer incluso basura. Sea lo que sea que leas, ¿lo estás estudiando? Estudiar significa penetrar en las ideas, en los pensamientos que ese libro te presenta. Si encontraste el libro correcto y comenzaste a estudiarlo, la prueba de que estás estudiando se mostrará en los cambios en tu vida. Si tu vida no está cambiando, estás leyendo, pero no estudiando. Estás estudiando, pero no comprendiendo.

• ***Servicio sacrificado.*** Todos debemos encontrar diez minutos, media hora, dos horas para realizar un servicio que sea realmente sacrificado, lo que significa que no esperamos dinero, elogios ni halagos, sino que vamos y realizamos un servicio, en cualquier lugar. Trata de encontrar un momento para ir y servir desinteresadamente, sin interés propio. Este servicio comienza a abrir los centros de energía en tus reinos superiores, y la energía se difunde en tu cuerpo y en tu vida. Puedes experimentar esto. Siempre que realizas un servicio sacrificial, diez minutos después te sientes más saludable, más feliz, más alegre y libre. Flotas en el aire porque hiciste algo bueno. No importa si la gente te elogia, te aprecia, te da dinero. Simplemente sirve. El mundo en la actualidad necesita personas que se sacrifiquen por los demás.

Escuché un informe de que en algún lugar hay un grupo que alimenta a cinco mil personas diariamente. El mensaje enfatizaba sobre todo que los líderes de esa organización no reciben ni un centavo del gobierno. Todo es apoyo público. Eso es servicio sacrificado.

• ***Renuncia a uno mismo.*** Es un nivel muy alto, pero puedes empezar con pequeñas cantidades, diez por ciento, cincuenta por ciento, y llegar quizás al setenta y cinco por ciento. Renunciar a uno mismo en términos prácticos significa que no te sientes feliz cuando la gente te alaba. No te sientes feliz cuando te adulan. No te sientes feliz si te pagan de más, pero sigues ayudando a la gente. No trabajas para ti mismo.

Pregunta: *¿En qué se diferencia el servicio sacrificicado de la abnegación?*

Respuesta: La renuncia es para ti mismo; el servicio sacrificicado es para los demás. Vas a demostrar que en realidad no estás viviendo para tu sexo, para tu dinero, para tu estómago, para tus posesiones o tu posición. Eso es renuncia. El servicio sacrificial es todo lo que has acumulado. El conocimiento, la iluminación, las experiencias se van a utilizar para el progreso y el bienestar humanos. Esa es la diferencia.

Pregunta: *¿Qué pasa con el desapego?*

Respuesta: El desapego es un servicio sacrificial. El progreso del alma humana depende del grado de desapego que tenga respecto de los objetos de sus limitaciones. Estas limitaciones tienen muchos nombres, como acciones destructivas y engañosas, emociones negativas y perturbadoras, pensamientos egoístas, separatistas y confusos. A menos que nos liberemos gradualmente de nuestros hábitos cristalizados, de nuestros espejismos y de nuestras ilusiones, nuestro progreso durante nuestra encarnación será muy lento.

Ser parte de la Jerarquía no es fácil, pero si lo logramos, la recompensa estará más allá de nuestra imaginación. Es imposible ser un Maestro, un miembro de la Jerarquía, sin dominar nuestra vida, nuestros tres cuerpos y sus obstáculos y limitaciones. No es fácil dominar nuestras limitaciones físicas, pero la recompensa es la salud perfecta. No es fácil dominar nuestras limitaciones emocionales, pero el resultado es la alegría perfecta. No es fácil dominar nuestras limitaciones mentales, pero el resultado es la iluminación.

Debido al progreso de la raza humana, la gente promedio está luchando por dominar sus limitaciones físicas. La gente por encima del promedio está luchando por dominar sus trastornos y limitaciones emocionales. La gente avanzada está luchando por dominar sus limitaciones y cristalizaciones mentales. Éstas no son tareas fáciles.

El equipamiento mental es muy sensible a las corrientes mentales que provienen de diversas fuentes destructivas, contaminadas o elevadoras. La mezcla es muy difícil de limpiar. Por eso, después de haber podido destruir muchos obstáculos físicos y emocionales, todavía alimentamos formas de pensamiento que nublan nuestros horizontes mentales. Es necesario un control extremo sobre nuestros pensamientos para dominar la mente. Después de eso, se rompe «la barrera del sonido» y se abre ante nosotros una velocidad ilimitada en nuestro curso.

• ***Gratitud.*** El Gran Sabio dice: «La gente se organiza según el grado de su gratitud». ¿Cómo lo sabemos? Es muy interesante. Haces millones de cosas y luego descubres que la gente te odia. Incluso te calumnian y chismean sobre ti. No te importa porque eres muy elevado, pero sientes lástima por ellos porque sin gratitud se hundirán en su propio fango, en su propia basura. La gratitud es una gran señal de tener salud, cordura y belleza interior.

La Jerarquía enfatiza la importancia del pensamiento, la palabra y la acción. A través de nuestros pensamientos, podemos contaminar el espacio y cargarlo con cosas no esenciales o cargarlo con nuevas formas de pensamiento y belleza. A través de nuestra palabra, contaminamos el espacio o instalamos luces en el espacio para purificarlo y aumentar el fuego en el espacio para el uso de la Humanidad. A través de nuestras acciones, construimos barreras en el espacio, creamos agitación o construimos líneas de comunicación en el espacio. A través de nuestro pensamiento, palabra y acciones, construimos puentes hacia Mundos Superiores o destruimos los puentes construidos por otros. Si quieres vivir una vida victoriosa en este y otros mundos, piensa diariamente en la Jerarquía, trata de contactar a Sus servidores y Sus miembros, y eventualmente trata de ser uno de Ellos.

APÉNDICE - EXTRACTOS SELECCIONADOS

Desde Prometeo hasta Jesús, y desde Él hasta el más alto Adepto y hasta el más bajo discípulo, todo revelador de misterios ha tenido que convertirse en un Chrestos, un «hombre de dolor» y un mártir. «Cuidado», dijo uno de los más grandes Maestros, «de revelar el Misterio a los de afuera»: a los profanos, a los saduceos y a los incrédulos. Todos los grandes Hierofantes de la historia aparecen terminando sus vidas con muertes violentas: Buda, Pitágoras, Zoroastro, la mayoría de los grandes gnósticos, los fundadores de sus respectivas escuelas; y en nuestra época más moderna, varios Filósofos del Fuego, Rosacruces y Adeptos. A todos ellos se les muestra –ya sea claramente o bajo el velo de la alegoría– pagando el castigo por las revelaciones que habían hecho. Esto puede parecerle al lector profano sólo una coincidencia. Para el ocultista, la muerte de cada «Maestro» es significativa y parece estar preñada de significado. ¿Dónde encontramos en la historia ese «mensajero grande o humilde, un Iniciado o un Neófito que, cuando fue hecho portador de alguna verdad o verdades hasta entonces ocultas, no fue crucificado y despedazado por los «perros» de la envidia, la malicia y la ignorancia? Tal es la terrible ley Oculta; y aquel que no sienta en sí mismo un corazón de león para despreciar los ladridos salvajes, y un alma de paloma para perdonar a los pobres tontos ignorantes, que abandone la Ciencia Sagrada. Para tener éxito, el Ocultista debe ser intrépido; tiene que afrontar los peligros, el deshonor y la muerte, ser indulgente y permanecer en silencio sobre lo que no se puede dar. Aquellos que han trabajado en vano en esa dirección deben esperar en estos días –como enseña el Libro de Enoc– «hasta que los malhechores sean consumidos» y el poder de los malvados aniquilado. No es lícito para el ocultista buscar o incluso tener sed de venganza: que espere hasta que el pecado pase; porque sus nombres [los pecadores] serán borrados de los libros sagrados [los registros astrales]; su descendencia será destruida y sus espíritus asesinados.

H.P. Blavatsky - *Obras Completas*, Vol. XIV

Nosotros podemos afirmar que cada intento exitoso de acercarse hacia Nosotros, sobre el curso de los siglos, tiene resultados. Nosotros sabemos cómo ser agradecidos; esta cualidad de gratitud es indispensable en Nuestra Morada. Toda afirmación de la Hermandad trae buena cosecha. Toda asistencia a Nuestro trabajo es apreciada y toda bien intencionada mención de la Hermandad es recordada. En Nuestros Ashrams se mantienen registros de dichas buenas acciones. A Nosotros nos gusta mantener registradas toda amable sonrisa y Nuestros discípulos saben cómo regocijarse con toda palabra afectuosa acerca de la Hermandad. Nadie podrá enseñar a la fuerza ese gozo radiante. Nadie podrá ordenar gratitud. Sólo una conciencia expandida puede señalar donde se puede hacer mayor bien.

Supermundano, I, afor. 33

Urusvati se esfuerza en aplicarse cada hora al Bien Común; esa resolución es nacida en la Morada, donde las horas no se cuentan. Durante una vida tan larga, ¿podrá uno pensar en las horas? Nosotros no tenemos horas terrenales ya que existen muchas necesidades y pedidos de ayuda desde todas partes del Mundo que es imposible dividir Nuestra Labor de acuerdo con esa tan relativa medida. Nosotros debemos mantener Nuestra Conciencia en gran tensión para poder estar listos en cualquier momento para enviar Nuestra Voluntad a aquel lugar donde más se la necesite. Sin lugar a duda, a Nosotros, se nos acusará de enviar demasiada ayuda a aquellos que no la merecen y muy poca a aquellos que la merecen.

Aquellos que juzgan de acuerdo con medidas relativas ordinarias no pueden percibir causas y efectos. Yo hablo no sólo acerca de la tensión de la labor sino también acerca de la vigilancia que le permite a uno instantáneamente pesar y decidir qué momento y cuál acción son los más necesarios. Todo pedido de ayuda trae consigo emanaciones del pasado y aroma del futuro. Uno debería combinar estas armonías en la conciencia y entender el significado de la disonancia. Nosotros, no deberíamos ayudar al hombre que está listo para un acto malvado y debemos ayudar a aquel que está sufriendo. Las contradicciones siempre están en conflicto y sólo el conocimiento del pasado las equilibrará. Sin embargo, ninguna súplica dirigida a Nosotros es rechazada, ya que al expresar dicho pedido la persona expresa su reconocimiento al Mundo Superior y al hecho de que dicha Realidad vive en el espacio. Nosotros no ignoraremos ninguna suplicante voz. Nosotros no rechazaremos ninguna plegaria, sino que reuniremos todas las substancias salutíferas para ofrecer ayuda de acuerdo con lo meta-idóneo. Aquí está contenida una especial vigilancia.

Nosotros trabajamos constantemente y debemos determinar Nuestra responsabilidad y dónde es requerida la ayuda de manera más urgente. Nuestra Hermana de inmemoriales épocas ha tenido la habilidad de esforzarse constantemente hacia el trabajo más necesario. Semejante capacidad no se puede adquirir de forma rápida, sino que debe ser afirmada en muchas situaciones para convertirse en una fuente de gozo. Esta fuente producirá liberación de la irritabilidad ya que el pensamiento acerca del trabajo infinito producirá esfuerzos sin tener expectativas por los resultados. No habrá pensamiento acerca del pasado y en el vuelo enviado hacia el futuro los efectos de este pasado se borrarán. Así, el remolino interplanetario estimulará la vigilancia y no perturbará el júbilo de la conciencia expandida.

Supramundano, I, párrafo 34

Urusvati siempre se ha esforzado en acortar su permanencia en el Mundo Sutil. Dicho esfuerzo revela una devoción hacia el trabajo directo en aliviar el sufrimiento de la Humanidad. Si la gente de la Tierra fuera dividida por su bondad o crueldad, entonces también existiría una división entre aquellos que se esfuerzan por estar más tiempo en el Mundo Sutil y aquellos que se apresuran en el perfeccionamiento a través de las reencarnaciones.

Nosotros estamos a favor de aquellos que se apresuran. A pesar de la paradoja de apresurarse al Infinito. Nosotros alentamos todo perfeccionamiento porque en él está contenido el Bien Común. Nosotros nos hemos dedicado al Gran Servicio y Nosotros convocamos a que se unan a este Servicio todos aquellos que puedan ayudar a los sufrientes desconocidos.

En realidad, Nuestra Fortaleza está construida sobre este concepto de ayuda a los desconocidos. Multitudes de estos desconocidos que necesitan Nuestro cuidado habitan la Tierra y el Mundo Sutil. Dejemos que Nuestra Morada sea llamada «La Morada del Gran Servicio».

Todos Nosotros, en el momento correcto, nos hemos apresurado en llegar a la Tierra y hemos escogido las tareas más difíciles. Semejantes condiciones nos templó el carácter y Nos enseñó a despreciar la persecución. Aque-

llos que afirmen la Verdad siempre serán perseguidos por los que la falsifican. Nadie debería pensar que tales persecuciones son dirigidas sólo para ciertas personas. Todo mensajero de la Verdad debe experimentar la embestida de la falsedad. Este contacto con el caos es inevitable.

Tú has notado que la gente siempre ubica el sitio de Shamballa en el Norte. Aún entre los esquimales y los kamchatkans existen leyendas acerca de un maravilloso país más allá de la tierra del sol de medianoche. Las razones del cambio de sitio son variadas. Algunos quieren encubrir la localización de Nuestra Morada. Algunos querían evitar la responsabilidad de enfrentar una idea difícil. Algunos consideran a sus vecinos del Norte como especialmente afortunados. En realidad, parecería que todas las naciones supieran acerca del País prohibido más se consideran indignos de tenerlo como país limítrofe.

Nosotros tenemos una vasta colección de literatura respecto de este tema. Es imposible contar los héroes legendarios que están vinculados a Nuestra Morada. Tú sabes de Gessar Khan y del presbítero Juan (Prester John). La Morada no pudo haber existido por tantos siglos sin imprimir sus emanaciones sobre la memoria colectiva de la gente. Uno también debería recordar que Nosotros somos más conocidos en el Mundo Sutil que en la Tierra. De allí provienen débiles reminiscencias que inspiran premura en aquellos que han entendido la importancia del Gran Servicio.

Supramundano, I, párrafo 51

La región del desierto de Gobi y, de hecho, toda la zona de la Tartaria y el Tíbet independientes están celosamente protegidos contra la intrusión extranjera. Quienes tienen permiso para atravesarla están bajo el cuidado y la supervisión particulares de ciertos agentes de la autoridad principal, y tienen el deber de no transmitir información alguna sobre lugares y personas al mundo exterior. Si no fuera por esta restricción, incluso nosotros podríamos contribuir a estas páginas con relatos de exploraciones, aventuras y descubrimientos que serían leídos con interés. Llegará el día, tarde o temprano, en que la terrible arena del desierto desvele sus secretos enterrados durante mucho tiempo, y entonces habrá, en efecto, mortificaciones inesperadas para nuestra vanidad moderna.

«Los habitantes de Pashai», dice Marco Polo, el audaz viajero del siglo XIII, «son grandes adeptos a la brujería y a las artes diabólicas». Y su erudito editor añade: «Este Pashai, o Udyana, fue el país natal de Padma Sambhava, uno de los principales apóstoles del lamaísmo, es decir, del budismo tibetano, y un gran maestro de los encantamientos. Las doctrinas de Sakya, tal como prevalecían en Udyana en los tiempos antiguos, probablemente estaban fuertemente teñidas de magia sivaítica, y los tibetanos todavía consideran la localidad como el terreno clásico de la brujería y la hechicería».

Los «tiempos antiguos» son exactamente como los «tiempos modernos»; nada ha cambiado en cuanto a las prácticas mágicas, excepto que se han vuelto aún más esotéricas y arcanas, y que la cautela de los adeptos aumenta en proporción a la curiosidad del viajero.

Hiouen-Thsang dice de los habitantes: «Los hombres... son aficionados al estudio, pero lo practican sin ardor. La ciencia de las fórmulas mágicas se ha convertido en un negocio profesional regular para ellos». No contradeciremos al venerable peregrino chino en este punto, y estamos dispuestos a admitir que en el siglo VII algunas personas hicieron de la magia un «negocio profesional»; lo mismo hacen algunas personas ahora, pero ciertamente no los verdaderos adeptos. No es Hiouen-Thsang, el hombre piadoso y valiente, que arriesgó su vida cien veces para tener la dicha de percibir la sombra de Buda en la cueva de Peshawer, quien hubiera acusado a los buenos lamas y monjes taumaturgos de «hacer un negocio profesional» de mostrarla a los viajeros. El mandato de Gautama, contenido en su respuesta al rey Prasenagit, su protector, quien lo instó a realizar milagros, debe haber estado siempre presente en la mente de Hiouen-Thsang. «Gran rey», dijo Gautama, «no enseño la ley a mis alumnos diciéndoles «id, vosotros los santos, y ante los ojos de los brahmanes y los jefes de familia, realizad, por medio de vuestro poder sobrenatural, milagros mayores que los que cualquier hombre puede realizar». Cuando les enseño la ley les digo: «Vivid, vosotros los santos, ocultando vuestras buenas obras y mostrando vuestros pecados».

Impresionado por los relatos de exhibiciones mágicas presenciadas y registradas por viajeros de todas las épocas que habían visitado Tartaria y el Tíbet, el coronel Yule llega a la conclusión de que los nativos debían haber tenido «a su disposición toda la enciclopedia de los ‹espiritistas› modernos. Duhalde menciona entre sus brujerías el arte de producir mediante sus invocaciones las figuras de Lao-tsé[20] *y sus divinidades en el aire, y de hacer que un lápiz escriba respuestas a preguntas sin que nadie lo toque».*

Las primeras invocaciones pertenecen a los misterios religiosos de sus santuarios; si se hacen de otra manera, o con el fin de obtener un beneficio, se consideran brujería, nigromancia y están estrictamente prohibidas. El segundo arte, el de hacer que un lápiz escriba sin contacto, era conocido y practicado en China y otros países antes de la era cristiana. Es el ABC de la magia en esos países.

Cuando Hiouen-Thsang quiso adorar la sombra de Buda, no recurrió a los «magos profesionales», sino al poder de la invocación de su propia alma; el poder de la oración, la fe y la contemplación. Todo estaba oscuro

20. Lao-Tsé, el filósofo chino.

y lúgubre cerca de la caverna en la que supuestamente se producía el milagro a veces. Hiouen-Thsang entró y comenzó sus devociones. Hizo 100 salutaciones, pero no vio ni oyó nada. Entonces, creyéndose demasiado pecador, lloró amargamente y se desesperó. Pero cuando estaba a punto de perder toda esperanza, percibió en la pared oriental una luz débil, pero desapareció. Renovó sus oraciones, lleno de esperanza esta vez, y volvió a ver la luz, que destelló y desapareció de nuevo. Después de esto, hizo un voto solemne: no abandonaría la cueva hasta que tuviera el éxtasis de ver por fin la sombra del «Venerable de la Era». Tuvo que esperar más tiempo después de esto, porque sólo después de 200 oraciones la cueva oscura de repente «se bañó de luz, y la sombra de Buda, de un color blanco brillante, se elevó majestuosamente en la pared, como cuando las nubes se abren de repente y, de repente, muestran la maravillosa imagen de la ‹Montaña de Luz›. Un esplendor deslumbrante iluminó los rasgos del rostro divino. Hiouen-Thsang estaba perdido en la contemplación y el asombro, y no apartaba la mirada del objeto sublime e incomparable». Hiouen-Thsang agrega en su propio diario, See-yu-kee, que sólo cuando el hombre reza con fe sincera, y si ha recibido desde arriba una impresión oculta, ve la sombra claramente, pero no puede disfrutar de la vista durante mucho tiempo...

...De un extremo al otro, el país está lleno de místicos, filósofos religiosos, santos budistas y magos. La creencia en un mundo espiritual, lleno de seres invisibles que, en ciertas ocasiones, se aparecen objetivamente a los mortales, es universal. «Según la creencia de las naciones de Asia Central», señala I.J. Schmidt, «la tierra y su interior, así como la atmósfera circundante, están llenos de seres espirituales, que ejercen una influencia, en parte benéfica, en parte maligna, sobre toda la naturaleza orgánica e inorgánica... Especialmente los desiertos y otras

zonas salvajes e inhabitadas, o regiones en las que las influencias de la naturaleza se manifiestan en una escala gigantesca y terrible, se consideran la principal morada o lugar de reunión de los espíritus malignos. Y por eso las estepas de Turan, y en particular el gran desierto arenoso de Gobi, han sido considerados como la morada de seres malignos, desde los días de la más remota antigüedad».

Los tesoros exhumados por el doctor Schliemann en Micenas han despertado la codicia popular y los ojos de los especuladores aventureros se están volviendo hacia los lugares donde se supone que están enterradas las riquezas de los pueblos antiguos, en criptas o cuevas, o bajo la arena o los depósitos aluviales. En ninguna otra localidad, ni siquiera en Perú, hay tantas tradiciones como en torno al desierto de Gobi. En la Tartaria independiente, este aullante desierto de arenas movedizas fue en su día, si los informes no son inexactos, la sede de uno de los imperios más ricos que el mundo haya visto jamás. Se dice que bajo la superficie hay tanta riqueza en oro, joyas, estatuas, armas, utensilios y todo lo que indica civilización, lujo y bellas artes, como ninguna capital actual de la cristiandad puede mostrar hoy. La arena de Gobi se mueve regularmente de este a oeste ante terribles vendavales que soplan continuamente. Ocasionalmente se descubren algunos de los tesoros ocultos, pero ningún nativo se atreve a tocarlos, porque todo el distrito está bajo la prohibición de un poderoso hechizo. La muerte sería la pena. Bahti, horribles pero fieles gnomos, guardan los tesoros ocultos de este pueblo prehistórico, aguardando el día en que la revolución de los períodos cíclicos haga que su historia vuelva a ser conocida para instrucción de la Humanidad.

Isis sin Velo, H.P. Blavatsky, Volumen I, pág. 805 y siguientes, en la versión de la Editorial Dagón.

Lo que antecede se cita a propósito de Isis sin velo para refrescar la memoria del lector. Uno de los períodos cíclicos acaba de pasar, y es posible que no tengamos que esperar hasta el final del Maha Kalpa para haber revelado algo de la historia del misterioso desierto, a pesar de los Bahti, e incluso de los Rak-shasas de la India, no menos «horribles». En nuestros volúmenes anteriores no se incluyeron cuentos ni ficciones, a pesar de su estado caótico, caos que el autor, completamente libre de vanidad, confiesa públicamente y con muchas disculpas.

Hoy en día, todo el mundo admite que, desde tiempos inmemoriales, el lejano Oriente fue la tierra del conocimiento. Sin embargo, nadie ha negado tanto el origen de todas sus artes y ciencias como la tierra de los primitivos Arios. Desde la Arquitectura hasta el Zodíaco, toda Ciencia digna de ese nombre fue importada por los griegos, los misteriosos yávanas, ¡de acuerdo con la decisión de los Orientalistas! Por lo tanto, es lógico que incluso el conocimiento de la ciencia oculta se le niegue a la India, ya que de su práctica general en ese país se sabe menos que en el caso de cualquier otro pueblo antiguo. Esto es así, simplemente porque:

Entre los hindúes era y es más esotérico, si cabe, que entre los sacerdotes egipcios. Se consideraba tan sagrado que su existencia sólo se admitía a medias y sólo se practicaba en casos de emergencia pública. Era más que una cuestión religiosa, pues se consideraba divino. Los hierofantes egipcios, a pesar de la práctica de una moralidad estricta y pura, no podían compararse ni un momento con los Gimnosofistas ascéticos, ni en santidad de vida ni en poderes milagrosos desarrollados en ellos por la abjuración sobrenatural de todo lo terrenal. Quienes los conocían bien los tenían en mayor reverencia que al mago de Caldea. Se negaban las comodidades más sencillas de la vida, vivían en los bosques y llevaban la vida de los eremitas más apartados, mientras que sus hermanos egipcios al menos se congregaban juntos. A pesar de la difamación que la historia ha lanzado sobre todos los que practicaban la magia y la adivinación, los ha proclamado como poseedores de los mayores secretos del conocimiento médico y de una habilidad insuperable en su práctica. Son numerosos los volúmenes conservados en conventos hindúes en los que se registran las pruebas de su erudición. Intentar decir si estos gimnosofistas fueron los verdaderos fundadores de la magia en la India, o si sólo practicaban lo que les había pasado como herencia de los primeros Rishis[21] *– los siete sabios primigenios- sería considerado como mera especulación por parte de los estudiosos exactos.*

Isis sin Velo, H.P. Blavatsky, Vol. I, págs. 179

Bibliografía

Sociedad Agni Yoga. Nueva York: Sociedad Agni Yoga.

Jerarquía, 1977

Supramundano, I, 1994

Lamsa, George M., trad. Nashville, TN: Holman Bible Publishers.

Nuevo Testamento, 1968

21. Los Rishis, el primer grupo de siete en número, vivieron en los días anteriores al período védico. Ahora se los conoce como sabios y se los tiene en reverencia como semidioses. Pero ahora se los puede mostrar como algo más que simples filósofos mortales. Hay otros grupos de diez, doce e incluso veintiuno en número. Haug muestra que ocupan en la religión brahmánica una posición que corresponde a la de los doce hijos de Jacob en la Biblia judía. Los brahmanes afirman descender directamente de los Rishis.

Saraydarian, Torkom. Sedona, AZ: Grupo Educativo Acuario.

Desafío para el discipulado, 1995
Cosmos en el Hombre, 1973
Psique y Psiquismo, 1981
Sinfonía del Zodíaco, 1980

Saraydarian, Torkom. Sedona, AZ: Publicación de nueva visión.

Combatiendo Fuerzas Oscuras: una guía para la autodefensa psíquica, 1997

Saraydarian, Torkom. Cave Creek, Arizona: Fundación Editorial TSG.

La Sabiduría Eterna, 1990
Avance hacia el psiquismo superior, 1990
Sutra del Buda: Un diálogo con el Glorioso, 1994
El Fuego Creador, 1996
El Misterio de la Autoimagen, 1993

Lecturas recomendadas

Sobre la Jerarquía:

- *La Externalización de la Jerarquía*, A.A. Bailey
- *La Jerarquía y el Plan*, Torkom Saraydarian
- *Jerarquía*, Sociedad Agni Yoga
- *Supramundano* I y II, Sociedad Agni Yoga
- *Iniciación Humana y Solar*, A.A. Bailey

Sobre la meditación:

- *La Gloria Oculta del Hombre Interior*, Torkom Saraydarian
- *La Ciencia de la Meditación*, Torkom Saraydarian

Sobre los Maestros:

- *La Externalización de la Jerarquía*, A.A. Bailey
- *Jerarquía*, Sociedad Agni Yoga
- *Isis sin Velo*, H.P. Blavatsky
- *La Doctrina Secreta*, H.P. Blavatsky
- *Supramundano* I, II, Sociedad Agni Yoga
- *Las Enseñanzas del Templo*, Maestro Hilarión

CONTINUANDO CON EL LEGADO

Torkom Saraydarian dedicó su vida entera a servir a los demás en el crecimiento espiritual. Al momento de su muerte física en 1997, muchos libros habían sido ya publicados y más de 100 manuscritos estaban a la espera de su publicación.

Torkom Saraydarian tenía la sabiduría y habilidad únicas para escribir todos estos libros magníficos y componer cientos de composiciones musicales en el lapso de una sola vida. La publicación y archivo de sus trabajos creativos tomará también una vida completa de esfuerzo cooperativo de nuestra parte. Necesitamos sus contribuciones y respaldo continuo, pues juntos podemos hacer que su sueño sea una realidad, y podemos hacer que su legado fructifique.

Un fondo especial, el *Fondo de Publicación de Libros de Torkom Saraydarian*, ha sido creado para la publicación de sus libros. Adicionalmente, un *Fondo de Donaciones* ha sido establecido para la perpetuación de todos sus trabajos creativos.

Contáctenos para más detalles y actualizaciones concernientes a los programas de publicación y archivo.

Usted puede contribuir con fondos para un libro entero, o dar cualquier cantidad que desee sobre una base continua, o como una contribución única.

Muchas gracias por su respaldo amoroso y continuo.

SOBRE LA FUNDACIÓN

T.S.G. Publishing Foundation, Inc. es una organización no gravable sin fines de lucro. Fundada el 30 de noviembre de 1987 en Los Angeles, California, se trasladó a Cave Creek, Arizona, el 1o. de enero de 1994.

Nuestro propósito es el de ser un sendero para la auto-transformación. Estamos completamente dedicados a la publicación, enseñanza, distribución y archivo de los trabajos creativos de Torkom Saraydarian.

Nuestra oficina y tienda en línea ofrecen una colección completa de los trabajos creativos de Torkom Saraydarian para la venta y distribución.

Nuestro boletín Outreach contiene artículos que fomentan el pensamiento y está disponible tanto en material impreso como en nuestra página web con notificaciones electrónicas gratuitas.

Free Wisdom es un servicio en línea para mantenerle actualizado sobre eventos, materiales interesantes y lecturas inspiradoras.

También conducimos clases, seminarios especiales de entrenamiento, Conferencias Anuales en los Estados Unidos e internacionalmente, y cursos de meditación para el estudio desde el hogar.

Contáctenos o visítenos en línea para detalles sobre nuestras actividades y eventos actuales y venideros.

Página web: *www.TSGFoundation.org*

LA UNIVERSIDAD TORKOM SARAYDARIAN

Torkom Saraydarian soñó con un centro de entrenamiento, usualmente llamándolo la Universidad, donde hombres y mujeres pudieran ser entrenados en la teoría y aplicación de los Principios y Valores Superiores de la Sabiduría Eterna. Llamó a tal educación superior

«Educación Acuariana» y motivó continuamente a sus estudiantes a formar tal institución en el futuro.

Hay una creciente necesidad de liderazgo en el área del conocimiento esotérico. Más y más gente se está desilusionando de las enseñanzas que reciben de oportunistas, de gente que tiene buenas intenciones pero están llenos de espejismos y vanidades, o de gente que quiere usar la Enseñanza como un negocio para recolectar dinero.

Un gran daño se hace las personas que se aproximan a la Enseñanza con sinceridad en su corazón y son atrapados por grupos, instituciones u organizaciones que son sólo para actividades sociales o que funcionan como trampas de explotación. Algunos de estos buscadores gradualmente se olvidan de su búsqueda y se adaptan al entorno. Algunos de ellos suprimen totalmente su aspiración y esfuerzo espiritual debido a su desilusión. Sólo un pequeño porcentaje, a través de la discriminación, continúa su búsqueda para encontrar el campo adecuado donde puedan crecer y servir.

El número de verdaderos buscadores está incrementándose. Debemos prepararnos para satisfacer sus necesidades y al mismo tiempo, resguardarnos de

los peligros de caer en las vanidades, los espejismos, o en la utilización de los buscadores para nuestros propios intereses.

Torkom Saraydarian, Leadership I, p. 16

Nuestros primeros cursos de entrenamiento fueron lanzados en setiembre 2000. Tenemos clases presenciales así como por correspondencia. Para información sobre las clases y el registro en línea, visite nuestra página web o escríbanos.

https://www.tsgfoundation.org/tsg-university-information.html

INFORMACIÓN PARA PEDIDOS

Los trabajos completos de Torkom Saraydarian:

- Libros.
- Folletos.
- Música.
- Conferencias en audio y vídeo.
- Cursos de Meditación y estudio.
- Boletines gratuitos por correo electrónico.
- Visita nuestra sección de libros electrónicos en nuestra página web para ver las últimas actualizaciones.
- Catálogos completos disponibles en línea: *www.tsgfoundation.org*

Por favor contáctenos para información adicional:

TSG Publishing Foundation, Inc.
P.O. Box 7068
Cave Creek, AZ 85327-7068
United States of America
Tel: (480) 502-1909
Fax: (480) 502-0713
E-mail: *info@tsgfoundation.org*
espanol@tsgfoundation.org
Website: *www.tsgfoundation.org*

Para información sobre pedidos en español de este título:

Grupo Estudios Teosóficos Valencia, España:
Website: *http://fraternidad.info/g.e.t.html*
E-mail: *jrubio@editorialdagon.es*
Facebook: *Torkom Saraydarian en español*

Editorial Dagón:
Website: *www.editorialdagon.es*
E-mail: *editor@editorialdagon.es*

Editorial
Dagón